조국 독립을 노래하다
음악 혁명가 한형석

★ 일러두기

 75쪽의 태극기 그림은 한형석이 아버지로부터 건네받은 것으로, 독립운동을 하던 임시정부에서 사용하던 태극기입니다.

상수리 인물 책방

상수리 인물 책방은 위인들의 삶을 만나기 위해서 만든
상수리만의 방입니다.
어린이 여러분들이 상수리 인물 책방에서 마주하는
훌륭한 위인들의 특별한 삶을 통해 교훈을 배우고,
감동적인 이야기에 눈물도 흘리면서
몸과 마음이 튼실하게 성장하기 바랍니다.
상수리 인물 책방의 문은 항상 열려 있습니다.

상수리 인물 책방 05

조국 독립을 노래하다

음악 혁명가
한형석

최형미 글 | 김희영 그림

상수리

작가의 말

예술 활동으로 민족의 자존심을 일깨운
음악 혁명가, 한형석

우리 친구들, 독립운동에 대해 들어 본 적 있나요?

어렸을 때 저는 유관순 열사에 대한 이야기를 듣고 펑펑 울었던 적이 있어요. 열여섯 살이라는 어린 나이에 독립운동을 하고, 모진 고문을 이겨 낸 유관순 열사의 이야기가 슬프면서도 감동적이었거든요.

그 후 역사책을 읽으면서 유관순 열사 말고도 독립운동을 하신 분들이 많다는 것을 알게 되었어요. 그런데 제가 만난 독립운동가들은 대부분 총과 칼을 들고 독립을 위해 애쓰신 분들이었지요. 하지만 한형석 선생님을 만나고 생각이 바뀌게 되었답니다. 한형석 선생님이 누구냐고요?

바로 우리나라 최초의 오페라인 〈아리랑〉을 만든 분이에요. 또 조국 독립을 위해 싸우는 광복군의 사기를 높여 주기 위해 〈압록강 행진곡〉과 같은 여러 곡의 군가를 만들었어요. 우리 친구들도 노래의 힘에 대해서는 잘 알고 있을 거예요. 응원할 때 응원가를 힘차게 부르면 더 힘이 나고, 경기의 성적도 좋잖아요.

가슴을 뜨겁게 만드는 노래를 작곡한 한형석 선생님 덕분에 광복군은 열악한 상황에서도 힘을 낼 수 있었어요. 참 놀랍지 않나요? 예술로 독립운동을 할 수 있다는 것이요.

그런데 광복 후에 한형석 선생님이 보여 준 나라 사랑은 더 아름답고 뜨겁답니다. 높은 지위에 오를 수 있었음에도 불구하고, 돌아가실 때까지 자비를 털어 아이들을 위한 예술 교육에 힘쓰셨거든요.

우리 친구들도 뮤지컬이나 연극 보는 것을 좋아하지요? 무대에서 펼쳐지는 이야기와 노래는 책과는 또 다른 즐거움과 배움을 전해 주지요. 하지만 전쟁 후 폐허가 된 시절에는 연극을 보거나 오페라를 보는 것이 사치였을 거예요. 하지만 한형석 선생님은 마음의 회복도 중요하게 생각했던 것 같아요. 그래서 어려운 상황 속에서도 자라나는 어린이들에게 연극과 오페라를 보여 주려고 애쓰셨어요. 그래서 온 재산을 털어서 자유아동극장을 지으셨던 것 같아요. 선생님의 이런 마음, 정말 따뜻하고 놀랍지 않나요?

안타까운 건 이런 선생님의 훌륭한 행적에

대해 많은 사람이 모르고 있었다는 거예요. 선생님이 만드신 우리나라 최초의 오페라 〈아리랑〉에 대해서도요. 다행히 중국의 량마오춘 교수님에 의해 뒤늦게 알려졌지요. 여러분도 이번 기회에 예술 활동으로 민족의 자존심을 일깨운 음악 혁명가, 한형석 선생님을 만나 보지 않을래요?

최형미

차례

작가의 말 ... 4

〈압록강 행진곡〉을 배우다 ... 8

가족 모두 독립운동가 ... 24

총칼로만 독립운동을 하는 게 아니다 ... 40

음악으로 표현한 나라 사랑 ... 59

한국 최초의 오페라 〈아리랑〉이 울려 퍼지다 ... 79

자유아동극장을 세우다 ... 95

먼 구름 ... 112

동화와 함께 역사 바로 알기 ... 127

한형석의 삶 ... 134

〈압록강 행진곡〉을 배우다

 뜨겁게 내리쬐는 햇빛에도 아랑곳없이 운동장을 누비는 아이들의 표정이 밝았어요. 공을 빼앗으려는 아이들도, 공을 지키려는 아이들도 모두가 신난 표정이였어요. 강복이는 얼굴 가득 땀이 줄줄 흘렀지만 누구보다 열심히 공을 쫓아가며 소리를 질렀어요.
 "수한아, 이쪽으로 패스해. 여기야, 여기!"
 공을 받은 강복이는 공을 빼앗으려는 친구들을 요리조리 피하며 골대를 향해 냅다 달렸어요. 이번 골을 넣으면 강복이네 팀이 이길 수 있거든요.
 앗, 그런데 운동장을 가득 메우던 함성과 웃음소리가 갑자기 멈

쳐 버렸어요. 5교시 수업 시작을 알리는 예비 종이 쳤기 때문이에요. 운동장을 누비며 축구를 하던 아이들도, 한쪽에서 고무줄놀이를 하던 아이들도, 삼삼오오 모여 이야기꽃을 피우던 아이들도 모두 교실로 향했어요.

강복이의 공을 빼앗으려고 달라붙었던 친구들도 하나둘 멀어지기 시작했어요. 하지만 강복이는 교실로 돌아가고 싶은 마음이 눈곱만큼도 들지 않았어요. 오늘은 단 한 골도 넣지 못했거든요. 게다가 종이 치기 직전에 강복이는 골을 넣을 뻔했어요.

"이제 그만하고 들어가자."
수한이가 말했어요.
"조금만 더 하자. 아직 예비 종이잖아."

〈압록강 행진곡〉을 배우다

강복이는 이대로 경기를 끝내는 것이 못내 아쉬웠어요.

"안 돼. 5교시는 음악 시간이잖아. 음악실로 가려면 얼른 들어가서 준비해야 해."

수한이의 말에 강복이는 떨어지지 않는 발걸음을 옮겼어요. 강복이는 점심을 먹고 친구들과 축구를 할 때가 제일 신났어요. 커서 축구 선수가 되고 싶거든요.

"아, 다음 수업이 음악이라니! 진짜 졸리겠다."

강복이는 수돗가에서 세수하며 한숨을 내쉬었어요. 강복이가 제일 싫어하는 과목은 음악이에요. 아니 싫어한다기보다 음악 시간이 좀 불편했어요. 피아노 반주에 맞춰 노래를 부르는 것이 왠지 쑥스럽거든요. 운동을 할 때는 거침없는 강복이지만 사람들 앞에서 노래를 부르는 것은 무척 창피해요. 그래서 음악 시간은 여자애들이나 샌님 같은 남자애들이 좋아하는 시간이라는 생각이 들었어요.

"노래 들으면 기분이 좋지 않아?"

강복이의 한숨 소리를 들은 친구 수한이가 고개를 갸웃거렸어요. 수한이는 강복이처럼 운동도 좋아하지만 음악도 좋아했어요. 좋은 노래를 들으면 마음이 편안해졌거든요.

"모르겠어. 음악을 잘 안 들어서 그런가?"

강복이는 어깨를 으쓱해 보였어요.

태권도 도장을 운영하시는 부모님 밑에서 자란 강복이는 언제나 뛰고 구르고 몸을 움직이며 많은 시간을 보냈어요. 그래서인지 가만히 앉아서 음악을 듣거나 공연을 보는 것이 어렵고 힘들게만 느껴졌어요.

"늦겠다. 어서 가자."

수한이의 채근에도 강복이는 느릿느릿 걸었어요.

"자, 어서 와라. 어서, 자리에 앉아."

음악 선생님은 상냥한 여자 선생님이에요. 아이들이 자리에 모두 앉으면 피아노를 치면서 노래 부르듯 인사를 했어요.

"안녕? 친구들! 우리 오늘도 즐겁게 수업해 보자."

노래를 잘하는 아이들은 선생님의 인사에 답하듯 노래를 부르며 인사를 했지만, 강복이는 늘 고개를 숙였어요.

"자, 먼저 발성부터 할게. 입 크게 벌리고 아아아아! 아아!"

친구들과 선생님은 뭐가 그리 즐거운지 신나게 발성 연습을 했어요. 하지만 강복이는 몸이 근질근질하고 자꾸 하품이 났어요. 기합을 넣을 때나 소리를 지를 때는 우렁찬 목소리가 나오지만 이상하게도 노래를 부를 때는 목소리가 개미만 하게 나왔어요.

"자, 오늘은 아주 특별한 노래를 배워 볼 거야. 제목은 〈압록강 행진곡〉이라고 해."

　발성 연습을 다 마치자 선생님은 오늘 배울 곡에 대해 설명을 시작했어요. 강복이는 슬그머니 고개를 창밖으로 돌렸어요.
　"열중 쉬어, 차렷!"
　운동장은 체육 선생님의 구령 소리와 아이들의 함성이 어우러져 시끌벅적했어요. 강복이는 몸은 음악실에 있지만 마음은 운동장 한가운데에 있는 것 같았어요.
　"자, 그럼 설명은 이만 마치고 노래를 들어 보자. 먼저 눈을 감고 잘 들어 봐."

옆자리에 앉은 수한이가 강복이의 어깨를 치지 않았으면 또 강복이 혼자 말똥말똥 눈을 뜨고 있을 뻔했어요. 수한이에게 살짝 웃어 주고는 강복이도 얼른 눈을 감았어요. 모두 눈을 감고 음악실이 조용해지자 선생님은 노래를 틀었어요.

어, 그런데 이상해요. 평소에 듣던 노래들과는 조금 달랐어요. 강복이의 귓속을 파고드는 전주는 강복이의 마음을 두드리더니,

어느새 몸을 움직이게 만들었어요. 자꾸만 몸이 들썩들썩했어요. 어디선가 둥둥 북소리가 들리는 것 같기도 하고, 나팔을 부는 사람들이 머릿속에 그려지기도 했어요. 하지만 마냥 신나고 흥겹게만 느껴지지는 않았어요.
"자, 이제 눈을 떠 봐. 지금부터 노래를 들은 느낌에 대해 자유롭게 이야기해 볼까?"
강복이와 친구들은 눈을 떴어요.

"북소리도 들리고 나팔 소리도 들리는데, 좀 슬퍼요."
"군인들이 부르는 노래 같아요!"
여기저기에서 아이들의 이야기가 쏟아졌어요.
"쿵짜자자, 쿵짜자자, 이러지 않아?"
"응, 박자에 맞춰 행진하는 모습이 그려져."
저마다 노래에 대한 느낌을 표현하느라 음악실은 금세 소란스러워졌어요.
"자, 쉿! 합죽이가 됩시다, 합!"
선생님이 교탁을 두드리며 노래를 부르자, 아이들 모두 선생님을 따라 "합!" 하고 외쳤어요. 하지만 흥분된 마음을 가라앉힐 수는 없었어요. 강복이도 마찬가

지였어요. 방금 들은 노래에 대해 궁금한 게 무척 많았어요.

"이 노래는 군가야. 피아노를 배운 친구들은 알고 있겠지만 행진곡이라는 제목이 붙은 곡들은 힘찬 느낌이 들지. 그런데 이 노래는 가만 들어 보면 슬픈 느낌도 있어."

선생님의 설명에 아이들 모두 고개를 끄덕였어요. 정말 그랬어요. 분명 북소리, 나팔 소리와 함께 행진하는 모습이 그려지는데, 왠지 슬픈 느낌도 들었어요.

"이 곡은 광복군*이 불렀던 대표적인 노래야. 광복군에 대해서 들어 봤니?"

선생님의 질문에 음악실 분위기는 다시 어수선해졌어요. 역사책에서 본 친구들도 있고, 수업 시간에 들었던 이야기를 떠올리는 친구들도 있고, 처음 들어 본다는 표정을 짓는 친구들도 있었어요.

"일제 강점기라는 말은 들어 본 적 있지?"

"네!"

아이들이 모두 한목소리로 대답했어요. 강복이도 일제 강점기에 대해서는 잘 알고 있어요. 강복이의 증조할아버지도 독립운동을 하다 돌아가셨거든요. 강복이의 증조할아버지는 유명한 독립운동

★ **광복군** 일제 강점기에 중국에서 우리나라의 독립을 위하여 일본과 싸운 군대.

가는 아니에요. 하지만 강복이의 할아버지는 증조할아버지가 자랑스럽다고 늘 이야기했어요. 강복이의 증조할아버지처럼 이름이 알려지지 않은 수많은 사람들의 희생 덕분에 우리나라가 독립할 수 있었던 거래요.

"조선 말기에 우리나라 상황은 아주 좋지 않았어. 오랫동안 김씨 일가의 가족들과 친척들끼리만 정치를 해서 나라 꼴이 엉망이었거든. 이런 때에 서양 세력이 물밀듯이 들어오자, 어린 임금 고종을 대신해 나라를 다스리던 흥선 대원군은 나라 문을 닫아걸었어. 나라 안살림을 수습하는 게 더 중요하다고 생각했거든. 발 빠르게 서양 문물을 받아들인 일본은 우리가 주춤하고 있는 사이에 우리나라로 쳐들어와 우리의 통치권을 빼앗았어. 그렇게 우리나라는 35년간 일본의 통치 아래 있었지. 이 시기를 일제 강점기라고 해."

아이들은 눈을 말똥말똥 뜨고 선생님의 이야기에 귀를 기울였어요.

"일본의 통치에서 벗어나려고 많은 사람들이 독립운동을 했어. 광복군은 독립운동에 앞장섰던 군대로 1940년에 만들어졌지. 군인들이 부르는 노래를 군가라고 하는 것은 알고 있지? 〈압록강 행진곡〉은 광복군이 불렀던 군가야."

강복이도 군가를 들어 본 적이 있어요. 할아버지가 증조할아버지

이야기를 할 때 가끔씩 부르거든요.

"군가는 힘차고 씩씩해야 하는데 〈압록강 행진곡〉은 약간 슬픈 느낌이 들지? 아마도 시대적 상황 때문일 거야. 1940년대에 일본은 계속된 전쟁으로 힘들어지자 우리나라를 더 핍박했거든."

선생님 말씀에 아이들 모두 고개를 끄덕거렸어요.

"이 노래는 1943년에 광복군의 사기를 드높이고 조국의 독립을 바라는 마음을 담아 만든 노래란다. 그럼 조금 전에 나눠 준 악보를 한번 살펴보자."

선생님은 칠판에 〈압록강 행진곡〉의 가사가 적힌 악보를 붙였어요.

"누가 한번 읽어 볼까? 누구 목소리가 가장 우렁찰까?"

"강복이요!"

갑자기 수한이가 말했어요. 강복이는 수한이를 쿡 찔렀지만 소용없었어요.

"그럼 강복이가 광복군들의 마음을 담아 우렁차게 읽어 볼까?"

강복이는 부끄러운 생각이 들었지만 할아버지를 떠올리며 힘차게 가사를 읽었어요.

우리는 한국 독립군 조국을 찾는 용사로다

나가! 나가! 압록강 건너 백두산 넘어가자

우리는 한국 광복군 악마의 원수 쳐물리자

나가! 나가! 압록강 건너 백두산 넘어가자

진주 우리나라 지옥이 되어 모두 도탄에서 헤매고 있다

동포는 기다린다 어서 가자 고향에

등잔 밑에 우는 형제가 있다 원수한테 밟힌 꽃포기 있다

동포는 기다린다 어서 가자 조국에

우리는 한국 독립군 조국을 찾는 용사로다

나가! 나가! 압록강 건너 백두산 넘어가자

그저 노랫말을 읽은 것뿐인데 강복이는 마음이 울컥했어요.

사실 강복이는 할아버지 이야기를 듣지 않았다면 일제 강점기나

독립운동가에 대해 잘 모르고 넘어갔을지도 몰라요. 너무 오래전 일처럼 느껴졌거든요. 그리고 지금 사는 세상을 떠올려 보면 전쟁이나 독립이라는 말은 옛날 책에나 나오는 것 같았거든요.

그런데 〈압록강 행진곡〉 가사를 읽으니 강복이는 마음이 이상했어요. 마음이 울렁울렁 춤을 추는 것 같기도 하고 후드득 눈물이 쏟아질 것 같기도 했어요. 언젠가 광복절 기념 드라마에서 본 소년병이 떠오르기도 하고, 유관순 누나가 목이 터져라 '대한 독립 만세'를 외치는 모습도 떠올랐거든요.

"강복이가 아주 멋지게 읽어 주었네. 수고한 강복이에게 박수를 쳐 주자."

선생님과 반 친구들이 박수를 치자 다행히도 눈물이 쏙 들어가 버렸어요. 하지만 자리에 앉아도 혼란스러운 마음이 진정되지 않

앉아요.

"가사만 살펴보면 무척 힘차지? 그에 반해 가락은 구슬픈 느낌이 들어. 또 아주 오래전에 작곡한 노래인데도 촌스럽지 않아. 이 노래의 가사를 쓴 분은 박영만 선생님이고 작곡한 분은 한형석 선생님이야."

선생님의 설명에 아이들 모두 고개를 끄덕였어요.

"그럼 이제는 가사의 의미를 생각하며 노래를 들어 보자."

음악실 안에 다시금 〈압록강 행진곡〉이 울려 퍼졌어요. 노래가 만들어진 배경 이야기를 듣고 나니 가사 한 마디, 가락 한 구절이 다르게 들렸어요.

"이 노래를 만든 한형석 선생님이 어떤 분인지 궁금하지 않니?"

"네, 진짜 궁금해요!"

선생님의 질문에 강복이는 자신도 모르게 큰 소리로 대답해 버렸어요. 선생님은 그런 강복이를 향해 환하게 웃어 주고는 칠판에 '한형석'이라고 썼어요.

"한형석 선생님은 우리나라의 독립을 위해 애쓰셨어. 그런데 우리가 보통 알고 있는 방법과는 조금 다르게 말이야."

"어떤 방법이요?"

누군가 질문을 하자 선생님이 빙그레 웃으며 말했어요.

"얘들아, 응원가를 부르면 기분이 어떠니?"

"신나요."

"힘이 솟아요."

선생님이 고개를 끄덕였어요.

"다들 잘 알고 있네. 우리가 잘 알다시피 음악 즉, 노래에는 힘이 있어. 운동 경기를 할 때도 응원가를 부르잖아. 힘찬 노래를 부르면 기운이 솟는 것 같은 느낌이 들거든. 그래서 독립운동을 할 때 독립군가를 많이 불렀대. 다들 총칼을 들고 싸울 때 독립군가를 작곡해서 독립군의 사기를 높여 주고 힘을 주신 분이 계셔. 그분이 바로 한형석 선생님이야."

선생님의 이야기를 들을수록 강복이는 한형석 선생님에 대해 궁금해졌어요.

"선생님, 한형석 선생님은 어떤 분이에요?"

음악 시간만 되면 지루해 하거나 꾸벅꾸벅 졸기 일쑤인 강복이가 선생님께 질문을 했어요.

"좋아, 그럼 한형석 선생님에 대해 이야기해 줄게. 자, 모두 조용히 하고 선생님 이야기를 들어 봐."

강복이는 눈을 반짝이며 선생님의 이야기에 귀를 기울였어요.

가족 모두 독립운동가

"응애, 응애!"

1910년 2월 21일 부산의 한 기와집에 울음소리와 함께 아기가 태어났어요.

"축하드려요. 건강한 사내아이예요."

산파의 말에 밖에서 며느리의 출산을 기다리던 노부부는 두 손을 맞잡으며 아이의 탄생을 기뻐했어요.

"얘야, 수고했다. 남편도 없이 네가 고생이 많구나."

노부부는 혼자서 둘째 아이를 무사히 출산한 며느리가 고마웠어요. 아이는 이불에 싸여 새근새근 잠들어 있었지요. 아이를 바라

보는 며느리의 눈에도, 노부부의 눈에도 눈물이 그렁그렁했어요.

아이가 태어난 것은 기쁜 일이었지만 노부부는 시끄러운 나라 안팎 사정 때문에 걱정이 많았어요. 당시 일본은 대한제국*을 식민지로 만들기 위해 팔을 걷고 나섰거든요. 러일전쟁**에서 승리를 거둔 일본은 1905년 대한제국의 대신들을 협박해 강제로 을사늑약을 맺었어요. 을사늑약으로 대한제국의 외교권을 빼앗은 일본은 그 뒤로도 여러 가지 조약을 맺어 군대를 없애고 경찰권을 빼앗았어요. 그리고 1910년 8월 29일에 한일합병조약을 발표하여 대한제국을 일본의 식민지로 만들었어요. 이때부터 일본은 조선을 자기네 땅처럼 여기고, 조선 사람들의 재산을 빼앗았어요. 또 무자비한 폭력을 서슴지 않았고, 젊은이부터 어린 소년들까지 전쟁터로 끌고 갔어요.

이 때문에 전국 곳곳에서는 독립운동이 거세게 일어났어요. 하지만 일본의 탄압으로 대부분의 독립운동가들은 국경 지대나 만주, 연해주 등으로 터전을 옮겨야 했어요. 물론 국내에 남아 비밀 조직의 형태로 운영되기도 했지만요. 그렇게 1945년 8월 15일, 해방

★ **대한제국** 고종 34년(1897)에 새로 정한 우리나라의 국호.
★★ **러일전쟁** 1904년에 한반도와 만주에 대한 지배권을 둘러싸고 러시아와 일본 사이에 일어난 전쟁.

할아버지 한규용

이 될 때까지 우리나라는 일본의 통치를 받게 되었어요.

아이의 할아버지인 한규용은 부산 동래 교동에서 담뱃대 공장을 경영했어요. 한규용은 한학에 능통했고, 남들보다 서양 문화를 일찍 받아들였어요. 바뀌는 세상에 빨리 적응하려고 노력하는 사람이었지요.

"끊임없이 배우고 드넓은 세상에 눈을 돌려야 한다!"

한규용은 배우는 일을 매우 중요하게 생각했어요. 한규용의 장남인 한흥교는 공부에 대한 의욕이 대단했어요. 어릴 때부터 신동으로 소문난 한흥교는 동래 출신으로는 가장 먼저 일본에 유학을 떠났어요.

"여보, 곧 흥교가 양의사가 되어 돌아올 터이니 너무 걱정 마시오."

한규옹이 아내를 위로했어요.

한흥교는 둘째 아이가 태어나던 해 의사 자격을 땄어요. 부산 최초의 양의사가 된 것이지요. 가족들은 모두 한흥

아버지 한흥교

든든한 형
형 한원석

교가 어서 부산으로 돌아와 병원을 차리길 바랐어요. 하지만 한흥교는 부산으로 돌아오는 대신 독립운동을 위해 중국으로 건너가 버렸어요. 어렵게 돌아가는 나라 사정을 모른 척할 수 없었거든요.

할아버지인 한규용은 아이에게 형석이라는 이름을 지어 주었어요. 형석이에게는 여덟 살 위인 원석이라는 형이 있었어요. 형석이는 형과 함께 무럭무럭 자랐어요.

형석이네 집은 대가족이었어요. 형석이네 가족은 물론이고 삼촌, 고모, 할아버지의 공장 식구들까지 모두 한집에 어울려 화목하게 지냈어요. 하지만 형석이의 마음 한구석은 늘 허전했어요. 바로 얼굴도 모르는 아버지가 보고 싶었기 때문이었어요.

그러던 어느 날, 밖에 나갔던 삼촌이 소리를 지르며 집 안으로 뛰어 들어왔어요.

"아버지, 아버지! 형님 소식을 알았어요."

아빠는 어디 계실까?
나 한형석

삼촌의 말에 온 식구들이 마당으로 모였어요. 지난 5년간 형석이의 아버지 소식을 알 수 없어 모두 걱정을 하고 있었거든요.

"흥교, 흥교 소식을 알았단 말이냐? 어서 말해 보거라."

할아버지가 삼촌을 붙잡고 물었어요.

"예, 제가 형님 친구 분을 만났어요. 왜 인삼 장사를 하시는 분 있잖아요. 그 형님이 그러는데 중국에서 흥교 형님을 만났다지 뭐예요. 그런데 형님이 그곳에서 의사 일을 하고 계시더래요."

삼촌의 말에 할아버지와 할머니는 소리 없이 눈물을 흘렸어요. 어머니 역시 마찬가지였어요. 열여덟 어린 나이에 결혼을 한 어머니는 아버지의 유학으로 혼자 지낸 시간이 더 많았기 때문이에요.

"그런데 형님이, 가족들한테 자기 소식을 절대 전하지 말라고 했다지 뭐예요. 형님 친구 분은 우리 가족이 걱정할까 봐 알려 주신 거래요."

삼촌의 말에 어른들의 표정이 모두 굳었어요. 아버지 소식을 알게 되어 기뻐하던 형석이는 어리둥절했어요.

"혹시, 흥교가……."

할아버지는 짐작이 가는 일이 있으신지 눈을 질끈 감아 버렸어요.

"애야, 이야기 좀 하자꾸나."

며칠 동안 아무 말이 없던 할아버지가 어머니를 조용히 불렀어요.

"아이들을 데리고 중국으로 가거라."

고민 끝에 할아버지는 형석이네 가족을 중국에 보내기로 했어요. 그렇게 다섯 살이 된 형석이는 어머니와 형, 삼촌과 함께 아버지를 만나러 중국에 가게 되었어요.

"형, 아버지 기억나?"

"아니, 나도 어릴 때 헤어져서 기억이 잘 안 나."

원석이도 아버지에 대해 아는 것이 별로 없었어요.

"아버지는 어릴 때부터 엄청 똑똑하셨대. 한문도 잘하시고, 일본어도 잘하시고. 지금은 의사잖아."

원석이는 어릴 때부터 집안 어른들과 동네 사람들로부터 들은 이야기를 동생 형석이에게 들려주었어요. 형석이는 수없이 들은 이야기였지만 다시 들어도 좋았어요.

'아버지는 어떤 분일까?'

형석이는 아버지를 만날 기대에 부풀어 있으면서도 낯선 곳으로의 여행이 두렵고 무서웠어요. 하지만 든든한 형과 함께여서 괜찮았어요. 형석이는 형과 일본을 거쳐 중국으로 가는 내내 뱃멀미와 추위로 고생했지만 씩씩하게 이겨 냈어요. 드디어 배가 중국 상하이 항에 도착했어요.

형석이네 가족은 삼촌을 따라 어느 병원으로 향했어요. 삼촌은 병원으로 들어가 가족이 왔다는 소식을 전했어요. 그러자 갑자기 병원 문이 부서질 듯 열리더니 한 남자가 뛰어나왔어요.

"여보!"

중국옷을 입은 남자는 기쁜 표정으로 어머니를 향해 달려왔어요. 어느새 어머니 눈에 눈물이 글썽글썽했어요. 형석이와 원석이는 어리둥절한 표정으로 그 모습을 바라보기만 했어요. 형석이는 아버지를 단 한 번도 보지 못했기 때문에 처음 본 아버지의 모습이 낯설고 어색하기만 했어요. 아버지는 형석이와 원석이를 양팔에 번쩍 들어 안았어요.

"내가 네 아버지다."

아버지는 형석이의 얼굴에 턱수염을 비비며 반가워했어요. 형석이는 얼굴이 따가워 발버둥을 쳤어요. 그 모습을 보며 아버지는 호탕하게 웃었어요.

형석이도 그런 아버지를 보면서 따라 웃었어요. 어느새 낯설고 어색한 마음이 봄날에 눈 녹듯이 사라져 버렸어요. 형석이는 태어나 처음 만난 아버지였지만 신기하게도 아버지가 좋았어요. 자신을 꼭 안아 주는 아버지가 단단하고 커다란 나무 같다는 생각이 들었어요.

한동안 형석이네 가족은 아버지 친구 집에 머물렀어요. 그러다 자연스레 형석이도 알게 되었어요. 아버지가 중국에서 큰일을 하고 있다는 것을요. 아버지는 중국에서 의사로 일하며 독립운동을 하고 있었어요.

당시 조선에서는 양의사가 귀하던 때라 의사가 되면 좋은 집에서 편히 살 수 있었어요. 하지만 아버지는 자신의 행복한 삶보다는 나라를 먼저 생각했어요. 그래서 중국에 머물며 나라의 독립을 위해 일했던 것이었어요.

하지만 어머니는 늘 자신보다 나라를 위하는 아버지가 걱정이었어요.

"아버님이 연로하신데 집으로 돌아가는 게 어떻겠어요? 장남의 도리는 해야 하잖아요."

"지금은 가정보다 나라가 더 중요하오. 나라가 없으면 가정이 온전할 수 있겠소? 우리 아이들을 나라 없는 가엾은 백성으로 살게 할 수는 없소."

아버지는 늘 나라 걱정이 먼저였어요. 그런 아버지를 보며 형석이도 자연스레 나라 잃은 슬픔을 느끼게 되었어요. 형석이는 아버지와 함께 지낼수록 아버지가 큰사람이라는 것을 알게 되었어요. 아버지를 존경하게 된 형석이는 나라를 위하는 마음을 키워 나갔어요.

당시 중국의 상황도 좋지 않았어요. 동아시아를 호령했던 대국이었지만, 영국과의 아편전쟁*에서 크게 패한 뒤 휘청거리기 시작했거든요. 게다가 물밀듯이 밀려오는 서양 세력과 중국 황후인 서태후를 둘러싼 세력 다툼으로 중국도 나라 안팎으로 시끄러웠어요.

아버지처럼 중국에서 독립운동을 하던 사람들 중에는 중국과 좋은 관계를 유지하며 일본에 대항해야 한다고 생각하는 사람들이 많았어요. 또 일제의 통치 아래 놓인 대한제국보다는 중국에서 독립운동을 하는 것이 조금 더 안전하다는 생각 때문에 많은 독립투사들이 중국으로 모여들었어요.

형석이는 형과 함께 중국어를 배웠어요. 중국어를 잘하게 되자 형석이는 육영소학교에 입학했고, 형은 회문중학교에 다니게 되었

★ **아편전쟁** 1840년 아편 문제를 둘러싸고 중국과 영국 사이에 일어난 전쟁.

어요. 당시 형석이의 아버지는 월급을 많이 받았어요. 점점 살림이 안정되고 중국 국적도 얻게 되자 아버지는 집 한 채를 얻었어요. 형석이네 가족뿐만 아니라 형석이의 집에 드나드는 독립투사들을 위해서였어요. 아버지가 물심양면으로 독립투사들을 돕고 있었기 때문에 집은 늘 사람들로 북적였어요. 어머니는 늘 동치미를 넉넉히 담가 두었다가 집을 찾는 독립투사들에게 대접했어요.

"정말 맛있습니다. 고향 생각이 절로 나는군요."

독립투사들은 동치미를 먹을 때마다 그리운 조국을 떠올리며 눈시울을 붉혔어요.

아버지는 독립운동 자금을 대는 한편 독립투사들의 든든한 보호막이 되어 주었어요. 그 덕에 형석이는 신채호 선생을 비롯해 신규식, 김원봉, 김규식과 같은 애국지사들을 가까이서 보며 마음에 큰 뜻을 품게 되었어요.

1919년 3월 1일, 조선에서는 대대적인 만세 운동이 일어났어요. 일본의 식민 지배를 반대하는 수많은 사람들의 대한 독립 만세 소리가 온 나라를 흔들고, 나아가 다른 나라까지 퍼져 나갔어요.

아홉 살이 된 형석이는 아버지와 형석이의 집을 드나드는 어른들에게 열여섯 살밖에 되지 않은 유관순이라는 소녀가 만세를 부르다 잡혀간 이야기며, 수많은 사람들이 태극기를 들고 대한 독립 만세를 부르다 일본 사람들의 총칼에 목숨을 잃었다는 이야기를 들었어요.

귀로 들으면서도 형석이는 믿을 수가 없었어요. 아무 잘못도 없이 나라를 빼앗긴 것도 억울한데, 나라를 되찾겠다고 태극기를 흔들며 만세를 부른 것이 죄가 되다니요. 형석이는 억울하고 분통한 마음이 들었어요.

"이렇게 보고만 있을 수는 없소. 우리도 행동을 해야 하오."

형석이의 집에 모여든 독립투사들 역시 분하고 원통하기는 마찬가지였어요. 아버지와 독립투사들은 조국에서 들려오는 슬픈 소식에 피눈물을 흘렸어요.

아버지는 중국에 있는 우리나라 사람들의 애국심을 고취시키고자 한글과 한문으로 된 독립선언문과 독립운동과 관련된 신문이나 책 등을 만들기 시작했어요.

"형석아, 조심해서 다녀와야 한다."

"네, 아버지. 걱정하지 마세요."

아버지가 만든 신문과 책을 배달하는 일은 형석이의 몫이었어요. 아버지가 주신 신문과 책을 단단히 접어 윗도리 안쪽 주머니에 넣고 베이징 시내에 있는 사람에게 전달했어요. 일본 순사에게 들키기라도 하면 목숨이 위험해질 수도 있는 일이었어요. 그러나 형석이는 두려워하지 않았어요. 사실 오줌을 지릴 만큼 무서운 순간들도 많았어요. 한 번은 일본 순사 옆을 바로 지나쳐 가야 했어요. 이때 형석이는 일본 순사와 눈이 마주칠까 봐 조마조마했어요. 다행히 형석이는 모두 잘 이겨 냈어요.

"형석아, 정말 조심해야 한다."

어머니가 걱정스러운 목소리로 말했어요.

"어머니, 걱정하지 마세요."

어머니는 아버지의 심부름을 다니는 어린 형석이 늘 걱정스러웠어요. 혹시라도 일본 순사에게 들켜서 무서운 일을 당하면 어쩌나 애가 탔어요. 하지만 한편으로는 어리광이나 부릴 나이에 아버지를 도와 큰일을 해내고 있는 형석이가 대견스러웠어요.

그러던 어느 날, 학교를 마치고 집에 돌아온 형석이는 이삿짐을 싸고 있는 어머니를 보았어요. 이사를 온 지 석 달도 안 되었는데 또 이삿짐을 싸고 있는 것이었어요.

"어머니, 또 이사 가는 거예요? 무슨 일이 있는 거예요?"

"이또 순사 눈치가 이상하다는구나."

젊은이들이 형석이의 집에 자주 모이는 것을 수상하게 생각한 순사들은 작은 꼬투리만 생겨도 아버지를 괴롭혔어요. 그래서 수시로 집을 옮겨야 했어요.

"그나저나 넌 얼굴이 왜 그러니? 친구와 다툰 거니?"

어머니는 형석이의 얼굴에 상처가 난 것을 보고 놀라 물었어요.

어머니의 말에 형석이는 낮에 있었던 일이 떠올랐어요.

점심시간에 형석이는 친구들과 어울려 공차기를 하고 있었는데 갑자기 옆 반 아이가 시비를 걸어왔어요. 형석이가 찬 공에 맞았다는 것이 이유였어요. 공에 제대로 맞은 것도 아니고, 조금 스친 정도였지만 형석이는 먼저 사과했어요. 그런데 그 아이는 다짜고짜 형석이에게 욕을 퍼부었어요.

"거지같이 남의 나라에 얹혀사는 주제에 감히 누구에게 공을 던지는 거야?"

그러자 형석이의 가슴에서 불꽃이 일었어요. 결국 형석이는 그 아이와 몸싸움을 벌이고 말았어요. 평소 친구들과 다투지 않는 형석이었지만 그런 말을 듣고는 도저히 참을 수가 없었어요. 친구와 다툰 것을 알면 어머니가 속상해할 것이 뻔했어요. 하지만 거짓말을 할 수는 없었어요. 그래서 형석이는 낮에 있었던 일을 어머니에게 솔직하게 이야기했어요.

그러자 어머니는 형석이의 얼굴에 약을 발라 주면서 눈물을 흘렸어요.

"나라 잃은 것도 서러운데 그런 놀림까지 받아야 하다니."

"어머니, 울지 마세요. 아버지와 아저씨들이 힘쓰고 계시잖아요. 꼭 나라를 되찾을 수 있을 거예요."

"아무렴. 그래야지. 꼭 그래야지."

형석이는 어머니의 손을 꼭 잡았어요. 어느새 형석이의 가슴은 조국 독립을 향한 열정으로 뜨거워졌어요.

총칼로만
독립운동을 하는 게 아니다!

형석이가 육영소학교를 졸업했어요. 아버지는 중학교를 졸업한 형 원석이에게 형석이를 데리고 여행을 가라고 했어요.

"상급 학교에 진학하기 전에 형석이를 데리고 베이징에 다녀오거라. 많이 보고 느껴야 큰일도 할 수 있는 법이다."

그때까지 형석이네 가족은 중국을 둘러볼 시간이 없었어요. 일제의 감시를 피해 3개월에 한 번씩 이사를 해야 했고, 형석이는 형과 함께 공부를 하는 틈틈이 아버지를 도와야 했으니까요.

"형석아, 아버지 말씀처럼 많이 보고, 많이 느끼고 오자."

"예."

형석이는 여행을 앞두고 많이 설레였어요. 이번에 형과 떠나는 베이징 여행은 형석이가 처음으로 해 보는 여행다운 여행이었어요.

중국은 무엇이든 크고 거대했어요. 형석이는 형의 설명을 들으며 더 많은 것을 보고 느끼려고 노력했어요.

"형석아, 저기 보이는 산이 바로 완서우 산이란다."

형석이는 자신을 압도하듯 내려다보는 커다란 산을 보고 놀랐어요. 그런데 완서우 산에는 더 놀라운 이야기가 숨어 있었어요.

"형석아, 완서우 산은 사람이 만든 산이라지 뭐냐. 중국 황후였던 서태후가 해군을 강화하려고 영국에서 빌려온 돈의 반이나 쓰면서 만든 산이라는구나."

"형, 산을 만들 수가 있어요?"

형석이는 보고도 믿기지가 않았어요. 완서우 산은 어마어마하게 큰 데다가 화려한 누각과 나무숲으로 뒤덮여 있었거든요. 게다가 산속에는 지하도가 뚫려 있고, 커다란 인공 호수도 있었어요.

"저, 저기 보이는 건 배 아니에요? 돌로 만든 것 같은데요?"

그뿐만이 아니었어요. 인공 호수 속에는 돌을 깎아 만든 엄청나게 큰 배도 있었어요.

"저것들을 사람들이 다 만들었다니. 얼마나 힘들었겠니? 엄청난 흙더미를 쌓아 올려서 만든 산 위에 나무를 심고 호수를 만들

고……. 수많은 사람이 흙과 돌을 지게에 지고 저 산을 올랐다고 생각하니, 안타까운 마음이 드는구나."

형석이는 형의 이야기를 듣고 나니 웅장하고 화려한 산이 하나도 아름다워 보이지 않았어요. 오히려 슬프고 끔찍해 보였어요.

"우리도 어서 나라를 되찾지 않으면 백성들이 슬프고 끔찍한 일을 많이 당할 텐데 말이다."

형의 말에 형석이는 고개를 끄덕였어요. 형은 어느새 아버지를 닮아 가고 있었어요. 아버지를 도우면서 만난 독립투사들을 보며 느끼고 깨달은 것이 많은 것 같았어요.

태어나서 처음으로 한 여행의 즐거움이 가시기도 전

에 형석이는 형과 헤어지게 되었어요. 형이 할아버지의 부름을 받게 되었거든요. 아버지는 고민 끝에 형을 고향으로 보내기로 결정했어요.

"아무래도 네가 가서 할아버지 일을 도와 드려야겠다. 무슨 일이 있으면 아버지 친구들과 연락해라."

형석이는 형과 헤어지는 것이 너무 슬퍼서 아무 말도 할 수가 없었어요. 형석이에게 원석이는 형 이상이었어요.

아버지의 빈자리를 대신해 주었고 중국에 와서 힘든 시절을 보낼 때는 늘 든든한 기둥 같은 존재였거든요.

"형석아, 공부 열심히 하고, 나라 없는 백성이라고 놀림받아도 절대 기죽지 마. 동생들 잘 돌보고 건강히 잘 지내."

형이 떠나자 형석이는 풀이 죽었어요. 중국에 와서 동생들이 다섯 명이나 생겼지만 나이 차가 많았기 때문에 형석이의 외로움을 달래 주지는 못했거든요.

형석이는 형이 없어 허전했지만 열심히 공부해서 명문 학교인 노하고급중학교(현재의 고등학교와 비슷한 교육을 함)에 입학했어요. 학교는 베이징에서 꽤 멀리 떨어진 곳이라 형석이는 가족과 헤어져 기숙사 생활을 해야 했어요. 형석이는 가족들과 헤어져 지내는 것이 힘들었지만 음악으로 마음을 달래며 기숙사 생활에 적응해 나갔어요. 이때 자연스레 다양한 음악을 접하며 곡을 쓰고 가사를 짓기도 하며 음악적 재능을 키워 나갔어요.

1927년 6월 어느 토요일 오후였어요. 형석이는 모처럼 가족들이 있는 베이징으로 갔어요. 형석이는 부쩍 자란 동생들과 함께 즐거운 시간을 보냈어요. 그때 고향에서 전보가 왔어요.

"여, 여보. 이 일을 어쩌면 좋아요."

전보를 읽던 어머니는 가슴을 부여잡고 주저앉으며 울었어요.

"도대체 무슨 일이오?"

아버지가 전보를 건네받으며 물었어요.

전보를 본 아버지는 붉어진 얼굴로 눈물을 흘렸어요.

"아버님, 제발 불효자를 용서하십시오. 이 불효를 어떻게 해야 합니까."

눈물을 흘리는 아버지를 본 형석이는 할아버지가 돌아가셨다는 걸 알았어요.

"할아버지, 할아버지!"

형석이는 울음을 터뜨렸어요. 중국으로 떠나올 때 자신을 꼭 끌어안고 우시던 할아버지의 마지막 모습이 떠올라 눈물이 멈추지 않았어요. 할아버지는 형석이에게 언제나 큰 산 같은 존재였어요. 이제 다시 할아버지를 볼 수 없다는 생각에 형석이는 몹시 슬퍼했어요.

아버지는 밤새 고민했어요. 형석이 역시 한숨도 잘 수가 없었어요. 할아버지의 마지막 모습을 보지 못한 것이 너무나 죄송하고 슬펐기 때문이에요.

동이 트자 아버지는 가족에게 자신의 결심을 이야기했어요.

"고향으로 돌아가야겠구나."

아버지는 집과 병원을 서둘러 정리하고 고향으로 돌아갈 준비를 했어요. 그리고 고향으로 가기 며칠 전날 밤, 아버지는 형석이를 불렀어요.

"형석아, 넌 이곳에 남아 공부를 계속하거라."

"네?"

뜻밖의 이야기에 형석이는 깜짝 놀라 아버지를 보았어요. 아버지는 말없이 형석이의 손에 흙 한 줌과 명주에 그린 태극기 한 장을 쥐어 주었어요.

"고향의 흙이다. 항상 소중히 간직하거라. 어디에 있든 네 조국을 잊지 말거라. 그리고 네가 다시 고향 땅을 밟았을 때는 우리의 바람대로 광복이 되었으면 좋겠구나."

아버지의 말에 형석이는 고개를 푹 숙였어요. 아버지의 마음을 알 것 같았기 때문이에요.

아버지는 한밤중에 형석이를 다시 불러 돈뭉치를 주었어요.

"열일곱은 어린 나이이기도 하지만 나라를 위해 제 몫을 할 수 있는 나이이기도 하다. 나 또한 어린 나이에 외국에서 공부를 했다. 만세를 불렀던 유관순의 나이가 열여섯이었고, 청산리대첩*에서 용감히 싸운 독립군 중에는 네 또래도 많다는구나. 너도 혼자 잘

★ **청산리대첩** 1920년에 김좌진을 총사령으로 한 독립군이 만주 청산리에서 일본군을 이긴 싸움.

이겨 낼 수 있을 거다. 이 돈으로 중학교를 졸업하고 대학까지 가거라."

아버지의 이야기를 가만히 듣고 있던 어머니가 눈물을 보였어요. 깊은 밤까지도 형석이의 옷을 바느질하던 어머니는 먼 이국땅에 혼자 남겨지는 형석이가 애처롭고 안타까웠어요.

"대학은 만주에 있는 의과대학으로 가거라. 어려운 때일수록 의술이 꼭 필요하다. 독립운동은 총칼로만 하는 게 아니다."

형석이는 아버지의 이야기를 가슴 깊이 새겼어요. 아버지의 마음을 이해할 수 있을 것 같았어요.

아버지는 형석이가 의사가 되어 나라를 위해 일하기를 바랐어요. 의사였던 자신이 독립운동에 큰 보탬이 되었다는 것을 잘 알고 있었기 때문이에요. 의사로 일하며 번 큰돈으로 독립운동 자금을 대고, 다친 독립군들을 몰래 치료할 수 있었으니까요. 그래서 형석이도 아버지의 뜻을 따라 의사가 되면 좋겠다고 생각했어요.

형석이와 가족은 밤새 이별의 정을 나누었어요. 다음 날, 형석이는 베이징 역에서 홀로 남아 고향으로 떠나는 가족을 지켜보았어요. 가족이 탄 기차가 멀리 사라지는 것을 본 뒤에야 학교로 돌아가는 기차를 탔어요.

형석이는 중학교에 진학하면서 오랫동안 가족과 떨어져 기숙사 생활을 했기 때문에 괜찮을 거라고 생각했어요. 하지만 베이징에 가족이 없다는 사실이 형석이를 불안하고 괴롭게 했어요.

밤이 되어 기숙사로 돌아오자 괴로움과 불안은 더 커졌어요. 당장이라도 학교를 그만두고 가족을 따라 고향으로 가고 싶었어요.

"어머니, 아버지."

형석이는 창밖을 보며 눈물만 뚝뚝 흘렸어요. 잠도 이루지 못하

고 눈물만 흘리는 형석이를 안타깝게 지켜보던 친구가 말했어요.

"형석아, 미래를 위해 지금의 슬픔을 참아 내자."

형석이와 한방을 쓰는 친구 역시 가족들과 떨어져 지냈어요. 형석이는 친구와 서로 의지하며 외로움과 슬픔을 잘 이겨 냈어요.

1929년 8월, 드디어 형석이는 노하고급중학교를 우수한 성적으로 졸업했어요. 아버지의 뜻을 따르려면 만주로 가야 했어요. 그런데 왠지 발걸음이 떨어지지 않았어요.

'이를 어쩌면 좋지. 나에게 의과대학은 맞지 않는 게 분명한데.'

형석이가 이런 고민을 하게 된 것은 몇 개월 전에

있었던 일 때문이었어요. 의과대학 진학 문제로 고민 중이던 형석이는 베이징의과대학에 다니는 선배를 만나러 갔어요. 조언도 듣고, 학교도 구경하기 위해서였지요.

"너는 어릴 때부터 아버님 병원에도 자주 갔으니 잘 적응할 거야. 먼저 인체 해부실에 가 보자."

형석이는 선배를 따라 인체 해부실에 들어가자마자 기겁했어요. 해부실 안으로 들어가자 참을 수 없는 악취와 소독약 냄새가 코를 찔렀거든요. 형석이는 악취 때문에 머리가 지끈지끈 아팠어요. 오만상을 찡그리고 해부실을 둘러보다 해부대 위에 누워 있는 시체를 보자 더 이상 견딜 수가 없었어요. 해부에 관해 설명하는 선배를 놔둔 채 입을 가리고 해부실을 뛰쳐나오고 말았어요.

"괜찮니? 처음엔 소독약 냄새랑 악취 때문에 고생하는 애들이 많아. 차츰 나아질 거야."

선배가 형석이를 위로했지만 하나도 도움이 되지 않았어요. 다시는 맡고 싶지 않는 냄새와 보고 싶지 않은 시체의 모습은 형석이를 몹시 괴롭혔어요. 형석이는 며칠 동안이나 구토하며 음식을 먹지 못했어요. 그뿐만이 아니었어요. 형석이는 해부대에 누워 있던 시체만 떠올려도 너무나 불쾌해 자다가도 벌떡 일어날 지경이었어요.

 '어쩌면 좋지? 아버지의 뜻을 거역하는 불효자가 될 수는 없는데. 하지만 그렇다고 이렇게 끔찍하게도 싫은 일을 참으며 해야 할까?'
 고민에 빠진 형석이는 아버지가 고향으로 돌아가기 전에 준 한 줌의 흙과 태극기를 펼쳐 놓았어요. 그러자 문득 어린 시절 아버지께 들었던 이야기가 떠올랐어요.

"손문이라는 분은 아주 훌륭한 의사였단다. 하지만 몇몇 사람의 병을 고치는 일보다는 4억 중국 백성을 구하는 일이 더 중요하다고 생각하셨지. 그래서 삼민주의*를 부르짖으며 국민 혁명을 주도하셨단다."

손문은 청일전쟁** 이후 어려워진 나라를 위해 의술을 포기하고, 고통에 빠져 허우적거리는 중국 백성들을 위해 일한 혁명가예요. 생각해 보면 형석이의 아버지 역시 손문처럼 의술을 펼치는 것보다 나라 일을 더 걱정했어요. 형석이는 아버지와 손문을 번갈아 떠올리며 자신의 진로에 대해 고민했어요. 형석이는 결국 학교를 졸업하고도 진로를 결정하지 못했어요. 그러던 어느 날, 형석이는 황제가 하늘님에게 제사를 지내는 베이징의 천단***을 찾아갔어요. 하늘의 뜻을 묻고 싶었기 때문이었어요. 천단에 엎드려 기도를 하던 형석이는 마침내 결심을 했어요.

"더 큰 뜻을 이룬다면 이것은 결코 불효가 아니야!"

형석이는 아버지의 뜻을 거역하기로 결심했어요. 대신 아버지가

★ **삼민주의** 1905년에 쑨원이 주장한 중국 근대 혁명의 기본 이념으로 민족주의, 민권주의, 민생주의로 이루어져 있음.
★★ **청일전쟁** 1894년에 중국과 일본이 조선의 지배권을 둘러싸고 벌인 전쟁.
★★★ **천단** 중국에서 왕이 하늘에 제사를 지낼 때 쓰던 제단.

주신 조국의 흙과 태극기의 뜻을 좇겠다고 맹세했어요. 아버지처럼 조국 독립을 위해 일하기로 마음먹은 것이지요. 하지만 어떤 방법으로 조국 독립을 위해 일할 것인지는 아직 고민이었어요. 무작정 총칼을 들고 싸울 수는 없었어요. 아버지가 의술을 펼치며 독립운동을 했던 것처럼 독립운동을 하려면 형석에게도 어떤 직업이나 일이 필요하다는 생각이 들었어요.

"내 고향, 내 조국은 지금 어떤 모습을 하고 있을까?"

형석이는 중국의 변화된 모습을 볼수록 떠나온 조국이 생각났어요. 서둘러 자신의 뜻을 이루는데 도움이 될 사람을 찾기로 했어요.

"아버지 친구 분을 찾아가자."

형석이가 떠올린 사람은 조성환 선생이었어요. 당시 임시정부* 요인으로 일하고 있던 조성환 선생은 1916년에 상하이에서 박은식, 신규식 등과 함께 항일 운동을 하며 박달 학원을 만들어 교민 자녀들의 교육에 힘썼어요. 형석이의 아버지처럼 교육을 중요하게 생각했던 분이지요. 그래서 형석이의 아버지와 친분이 매우 두터웠어요.

★ **임시정부** 정부로서 기능은 하지만, 국제 사회에서 정식으로 인정받지 못하는 정부.

결심이 선 형석이는 베이징을 떠나 상하이로 갔어요. 상하이에 도착한 형석이는 놀라고 말았어요. 베이징은 중국의 수도였지만 화려하지 않았어요. 그런데 상하이는 달랐어요. 일본과 영국의 문화가 물밀듯이 들어와 아주 번화하고 호화로웠거든요.

조성환 선생은 일본의 감시를 받고 있는 터라 쉽게 만날 수가 없었어요. 형석이는 상하이 곳곳을 돌며 조성환 선생을 찾아다녔어요. 일주일간이나 찾아 헤맨 끝에 형석이는 겨우 조성환 선생을 만날 수 있었어요.

"혹시, 조성환 선생님 아니십니까? 저는 한홍교 씨의 둘째 아들 한형석이라고 합니다."

조성환 선생은 형석이를 알아보지 못했어요. 형석이를 어릴 때 보고 오랫동안 보지 못했기 때문이에요. 하지만 형석이의 입에서 '한홍교'라는 이름이 나오자 무척 반가워했어요.

"오, 자네가 형석인가? 정말 많이 의젓해졌군."

조성환 선생은 조용한 찻집으로 형석이를 데려갔어요. 형석이는 조성환 선생에게 차분히 아버지의 소식을 전했어요. 그러고는 자신이 상하이에 온 이유를 이야기했어요. 형석이의 이야기를 다 듣고도 아무 말 없이 눈을 감고 있던 조성환 선생이 한참만에야 입을 열었어요.

"그래, 네가 좋아하고 잘하는 것이 무엇이냐?"

형석이는 망설이지 않고 대답했어요.

"음악입니다."

뜻밖의 대답이었지만 조성환 선생은 무릎을 치며 말했어요.

"그거 아주 좋구나. 넌 조국 독립을 위해 애쓰는 아버지의 뜻을 이어받아 예술 구국을 하거라."

형석이는 선생의 말씀이 이해가 가지 않아 고개를 갸웃거렸어요. 예술 구국이라는 말이 무슨 뜻인지 이해가 가지 않았거든요.

"독립운동은 총칼을 들고 싸움만 한다고 되는 것이 아니야! 네 아버지가 의술로 독립운동을 했다면 넌 음악으로 독립운동을 하라는 얘기다. 프랑스가 프랑스 혁명을 성공시킬 때 큰 힘이 된 것이 무엇인지 아느냐? 바로 라 마르세이예즈가 만든 프랑스 혁명가야."

혁명가라는 말에 형석이는 자신도 모르게 가슴이 두근두근 뛰었어요.

"그 노래 한 곡이 백만 대군의 힘보다 강했던 거지. 프랑스 혁명가는 프랑스 국민을 하나로 뭉치게 했거든. 넌 당장 예술대학에 입학하거라. 독립을 하려면 민족의 정신 무장이 먼저다. 정신 무장을 돕는데 음악, 연극과 같은 예술 활동이 꼭 필요하거든. 하지만 안타깝게도 우린 예술의 중요성을 잘 모르고 있어."

형석이는 당장 신화예술대학 예술교육과에 입학했어요. 그리고 전문적이고 체계적인 음악 교육을 받게 되었어요. 형석이는 물 만난 고기처럼 즐겁게 공부를 했고, 특히 작곡 분야에서 가장 두각을 나타냈어요.

음악으로 표현한 나라 사랑

  청년이 된 형석이가 음악 공부에 매진하고 있을 무렵, 조선의 사정은 매우 안 좋았어요. 형석이네 가족 역시 힘들기는 마찬가지였어요. 한때는 부산에서 꽤 알아주는 부자였지만 이제는 끼니 걱정을 할 정도로 어려워졌어요. 게다가 일본의 감시와 탄압이 날로 심해져 형석이의 아버지는 어머니와 함께 중국으로 망명하고 말았어요.

  "도대체 무슨 일이지? 왜 며칠째 연락이 안 되는 걸까?"

  형석이는 만주로 간 부모님과 연락이 되지 않아 걱정이 되었어요. 게다가 고향의 집과도 소식이 끊겼어요. 형석이는 세상에 홀로 남겨진 느낌에 몹시 불안하고 두려웠어요.

"형석아, 걱정하지 마. 별일 없으실 거야."

어느새 형석이는 아버지가 주고 간 학비가 다 떨어졌어요. 하지만 함께 공부하는 친구들은 그런 형석이를 위로하고, 지낼 곳을 마련해 주었어요.

게다가 그 당시 중국은 사정이 좋지 않았어요. 일본은 만주사변*을 일으켜서 만주를 정복하고, 1932년에는 상하이사변**을 일으켰어요. 속수무책으로 밀고 들어오는 일본을 중국도 당해 낼 수 없었어요.

형석이는 이제 부모님과 헤어져 울던 어린 소년이 아니었어요. 어느덧 형석이도 스물 두 살의 청년이 되었어요.

"난 어린아이가 아니야. 남의 도움만을 바랄 수는 없어. 내 힘으로 살길을 찾자. 일자리를 구하는 게 좋겠어."

형석이는 대마로에 있는 악기점에서 일을 하게 되었어요. 점원으로 일했기 때문에 월급이 무척 적었어요. 적은 월급으로 생활비와 학비를 써야 했던 형석이의 생활은 무척 어려웠어요.

★ **만주사변** 1931년 류탸오후 사건을 계기로 시작된 일본의 만주 침략 전쟁.
★★ **상하이사변** 중일전쟁 때인 1937년에 일본군이 상하이를 점령한 사건.

'내가 선택한 길이고, 지금은 나뿐만이 아니라 모두가 어려운 시기다. 이 시기를 잘 이겨 내야 해!'

형석이는 나약해질 때마다 아버지가 남기고 간 태극기를 보며 힘을 냈어요. 그 무렵, 형석이의 마음을 다잡게 한 사건이 하나 일어났어요.

바로 윤봉길이라는 청년이 일으킨 사건이었어요. 1932년 4월 29일, 홍커우 공원에서 일본의 천왕 탄생일을 기념하는 행사가 열리고 있었어요. 그런데 조선 청년 윤봉길이 기념 행사에 참석한 일본군 대장들을 향해 물통 폭탄을 던진 거예요. 그리고 가슴에서 꺼낸 태극기를 들고 큰 소리로 외쳤어요.

"대한 독립 만세!"

기념 행사장은 아수라장이 되었고, 윤봉길은 바로 체포되었어요. 하지만 젊은 나이에 자신의 목숨을 내놓은 윤봉길의 행동은 수많은 청년들에게 독립을 향한 불을 지폈어요.

형석이는 윤봉길에 대한 기사가 실린 신문을 보고 또 보았어요. 형석이는 밤에 잠을 이룰 수가 없었어요. 다른 청년들도 마찬가지였어요. 가슴이 뜨거워졌기 때문이에요.

형석이뿐만 아니라 중국 청년들도 폭죽을 쏘아 대며 기뻐했어요. 일본군들은 폭죽 소리를 쫓아 몽둥이를 휘두르며 제지를 했지만 흥분한 젊은이들을 막을 수는 없었어요.

윤봉길 사건 이후 일본의 감시는 더욱 심해졌어요. 상하이 거리는 조선인 독립투사를 잡으려고 혈안이 된 일본군들로 가득했어요. 조선인은 마음 놓고 거리를 다닐 수 없을 정도였지요. 형석이는 일본군과 물밀듯이 밀려오는 서양 세력으로 인해 학교를 졸업하면 상하이를 떠나야겠다고 다짐했어요.

1933년 가을, 드디어 형석이는 신화예술대학을 졸업했어요. 일과 학업을 병행하느라 형석이는 몸과 마음이 모두 지쳐 있었어요. 다행히 무사히 학교를 졸업을 했고, 중학교 교사 자격증을 취득했어요. 하지만 세상이 어수선했기 때문에 교사 자리를 구하기가 쉽지 않았어요. 그래도 형석이는 포기하지 않고 교사로 일할 수 있는 곳을 알아보았어요.

운 좋게도 형석이는 아는 사람의 도움으로 무훈중학교에서 예술과 영어를 가르치게 되었어요. 무훈중학교는 산동성 동서부 쪽인 당읍현에 자리하고 있었어요. 드디어 4년간이나 지낸 상하이를 떠나게 된 것이에요. 형석이는 기쁜 마음으로 짐을 꾸렸어요.

무훈중학교에서의 생활은 무척 즐거웠어요. 형석이는 밤잠도 자지 않고 수업 연구를 하며 학생들을 가르쳤어요. 덕분에 형석이는 1년 만에 무훈중학교에서 손꼽히는 우수한 교사가 되었어요. 그

신혁명군가

덕분에 산동행정인원훈련소 교관 직을 맡게 되었고, 산동성립 여자사범부속소학교 교사로 임명 되었어요.

형석이는 소학교에서 아이들을 가르치며 훈련소 교관 일도 열심히 했어요.

어느 날, 형석이는 중국인을 위한 군가를 작곡해 달라는 부탁받았어요. 드디어 형석이의 작곡 실력을 뽐낼 기회가 오게 된 것이지요. 몇 날 며칠을 밤샌 끝에 형석이는 군가를 한 곡 만들었어요.

"여기 중국인의 사기를 북돋아 주고, 하나로 단결시켜 주는 곡을 만들어 보았습니다."

형석이가 작곡한 곡의 연주가 끝나자 사람들이 모두 일어나 박수를 쳤어요. 중국인들의 애국심을 고취시키기에 충분한 곡이었기 때문이었어요.

"정말 좋습니다. 가슴이 뜨거워지는군요."

"그런데 왜 작곡자가 선생 이름이 아니라 한유한으로 되어 있소?"

사람들은 악보에 쓰여 있는 한유한이라는 이름을 보고 고개를 갸웃거렸어요. 악보에는 한형석이라는 이름 대신 한유한이라고 쓰여 있으니까요. 대체 형석이는 왜 이름을 바꾸어 쓴 것일까요?

형석이가 악보에 '한유한'이라고 쓴 이유는 바로 조국을 그리워하는 마음 때문이었어요. 중국에서 교사로 일하면서도 형석이의 마음 한구석은 조국에 대한 그리움으로 늘 허전했어요. 당장이라도 독립을 위해 일하고 싶은데 그럴 수 없는 현실 때문에 속상하기도 했어요. 그래서 나라를 그리워한다는 의미를 담은 이름으로 바꾼 것이었어요.

"나라를 그리워한다는 의미로 이름을 생각할 유, 나라 한 자를 써서 유한으로 바꾸기로 했습니다."

형석이의 설명을 듣자 모두들 고개를 끄덕였어요. 그때부터 형석이는 자신의 이름을 한유한이라고 소개했어요.

형석이가 작곡한 〈신혁명군가〉라는 군가는 중국의 모든 군대에 보내졌고, 엄청난 반응을 일으켰어요. 형석이는 정말 기뻤어요. 자신이 작곡한 곡이 인정을 받자 자신감도 생겼어요.

"조성환 선생님의 말씀을 잊지 말자. 지금은 비록 중국 군가를 만들고 있지만 곧 우리 조국의 군가를 만들어야 해."

형석이는 자신을 더욱 채찍질했어요.

그 무렵 형석이는 만주에 계신 부모님의 소식을 알게 되었어요. 교사로 일하며 생활이 안정된 형석이는 고향에서 학교를 다니고 있는 다섯 명의 동생들을 위해 돈을 보냈어요. 비록 아버지의 뜻을 따르지 않고 음악을 공부하게 되었지만 아버지는 형석이의 뜻을 헤아려 주었어요.

부모님과도 소식이 닿고, 경제적으로도 안정이 되자 형석이는 창작 활동에 더 열심히 매달렸어요. 1937년 6월, 여름 방학을 맞은 형석이는 첫 종합 예술 작품이면서 중국 최초의 가무극인 〈리나〉를 아동극장에서 발표하게 되었어요.

〈리나〉는 나라 잃은 폴란드의 음악가가 자신의 딸 리나를 데리고 연주 활동을 하며 조국 독립을 위해 애쓰는 이야기예요. 조국을 생각하는 형석이의 마음이 오롯이 담긴 작품이지요. 〈리나〉는 시나리오에서부터 작곡, 연출, 주연까지 형석이가 홀로 소화한 작품으로, 당시 큰 호응을 얻었어요.

형석이가 〈리나〉를 발표한 아동극장은 중국 최초의 아동극장으로 형석이의 제의와 설계로 만들어진 곳이라 더 의미가 있었어요. 형석이는 결혼을 하지 않아 아이가 없었지만 아이들을 생각하는 마음은 누구보다 컸어요. 자신 또한 어린 시절을 나라 없는 백성이라는 손가락질을 당하며 힘들게 보냈기 때문에 어려운 시절에 아이들이 상처받지 않고 자라야 한다고 늘 생각했어요. 그래서 아이들을 위한 극장이 있었으면 좋겠다는 생각을 하게 됐고, 중국 최초의 아동극장을 세우는 일에 참여하게 된 것이었어요.

〈리나〉가 큰 성공을 거두자 형석이는 앞으로 자신이 해야 할 일에 대해 더 확신을 갖게 되었어요. 조국 독립을 위해 희망을 노래

하는 음악가가 되자고요.

공연을 마친 형석이는 방학이 끝나기 전 여행을 떠나기로 했어요.

음악으로 표현한 나라 사랑

그런데 중일전쟁*이 터지고 말았어요. 중국인들도 상하이가 함락되자 일본에 맞설 준비를 했어요. 애국심 하나로 뭉친 청년들이 공작대를 만들기도 하고, 스스로 군대에 입대하기도 했어요.

형석이 역시 애국심을 일깨우려고 예술인들을 모아 항일 연극대에 참가했어요. 농촌 사람들을 계몽하고 애국심을 불어넣는 연극을 공연하는 한편, 총칼 대신 예술로 일본에 맞선 것이지요.

계속되는 전쟁으로 중국의 상황은 더욱 나빠졌어요. 형석이는 군에 입대했고, 1939년 6월에는 대장으로 임명되어 전투에 참여하게 되었어요.

어느 날, 형석이가 속한 부대는 사단 본부를 따라 전진 공격을 하고 있었어요. 하지만 갑자기 후퇴 명령이 떨어지는 바람에 형석이

★ **중일전쟁** 1937년 7월부터 일본과 중국 사이에서 일어난 전쟁.

를 포함한 30여 명의 대원들이 부대와 떨어지고 말았어요. 형석이와 대원들은 부대를 찾아 산속을 헤매다 그만 적에게 포위되었어요.

"침착해야 돼. 모두들 살 수 있다는 희망을 가지고 용기를 내라."

형석이는 침착함을 잃지 않으려고 노력했어요. 난생처음 죽음에 대한 공포를 접하게 된 형석이도, 부대원들도 정신을 차릴 수가 없었어요. 형석이는 태연해지려고 노력했어요. 겁을 먹은 부대원들을 안심시키고 탈출할 방법을 찾았어요. 먹을 것이 없어서 나뭇잎을 뜯어 먹고, 잠을 못 자 지친 상태였지만 결국 형석이는 대원들을 데리고 탈출에 성공했어요. 하지만 그 과정에서 몇몇 대원들은 목숨을 잃고 말았어요.

'대원들의 죽음을 잊지 말자. 더 강건하고 용기 있는 사람이 되자.'

죽을 고비를 넘긴 형석이는 더 단단해지고 강해졌어요.

1939년 10월, 형석이는 중국 전시공작간부훈련단인 간사단의 음악 교관으로 발령받았어요. 중국 역시 민족의 마음을 단결시키고, 애국심을 고취시키는데 예술이 중요하다고 생각했기 때문이었어요. 형석이가 작곡한 〈신혁명군가〉가 군에 보급돼 많은 영향을 끼쳤기 때문에 형석이는 음악 교관으로 발령받게 된 것이었어요.

간사단은 청년 간부를 훈련시키는 곳이었어요. 그곳의 부교육장인 장견인 장군은 형석이를 매우 아꼈어요. 자신이 작사한 〈전사가〉를 형석이가 멋지게 작곡을 해 주었기 때문이에요. 형석이는 능력을 인정받아 중교 교관으로 승진까지 하게 되었어요.

그러던 어느 날이었어요. 한밤중에 누군가 형석이의 숙소 문을 거칠게 두드렸어요.

"이 시간에 누구지?"

작곡을 하고 있던 형석이가 문을 열었어요.

"늦은 시간에 실례 좀 하겠소."

형석이가 문을 열자, 군복 차림의 조선인 청년이 서 있었어요. 다부지게 생긴 청년은 매서운 눈으로 형석이를 위아래로 훑어보았어요.

"누구신지요?"

한밤중에 불쑥 찾아온 손님이었지만 형석이는 같은 조국 사람이기에 예의를 갖추어 조심스레 물었어요.

"당신이 한형석이오?"

청년은 형석이의 예의 바른 태도에도 불구하고 매서운 눈으로 형석이를 쏘아보며 말했어요.

"그렇습니다만. 무슨 일이신지요?"

"당신은 부끄럽지도 않소? 어째서 조선인이면서 중국인 행세를 하고 다니는 것이오? 쓰러져 가는 조국은 잊고 중국에서 출세했다고 소문이 자자해 찾아왔소."

청년은 다짜고짜 형석이에게 큰 소리를 쳤어요. 형석이는 당황스럽고 화가 날 법도 했지만 청년에게 화를 내지 않았어요.

"잠시 들어오시지요."

형석이는 청년을 자신의 방으로 안내했어요. 사실 형석이는 다른 사람들에게 자신의 방을 잘 보여 주지 않았어요. 그런데 낯선 청년에게는 자신의 방으로 들어오라고 한 것이었어요.

"무슨 변명을 하려는 게요?"

형석이를 따라 방 안으로 들어온 청년은 여전히 화가 단단히 난 목소리였어요.

"아, 아니. 저것은!"

하지만 형석이의 방에서 무엇인가를 본 청년은 깜짝 놀라고 말았어요. 청년이 본 것은 바로 태극기였어요. 형석이의 침대에는 아버지가 주신 낡은 태극기가 걸려 있었거든요.

"한 동지!"

태극기를 본 청년은 형석이를 와락 끌어안더니 눈물을 흘렸어요.

"한 동지, 정말 미안하오. 한 동지의 마음도 모르고 오해해서 정말 미안하오."

청년은 진심으로 사과했어요. 떠도는 소문만을 믿고 형석이를 오해했던 것이 너무나 미안했기 때문이었어요.

형석이는 청년에게 낡은 상자를 내밀었어요. 청년이 상자를 열자 상자에는 흙 한 줌이 들어 있었어요.

"고향의 흙이오. 몸은 비록 이곳에 있지만 단 한 순간도 조국을 잊어 본 적이 없소."

형석이의 말을 들은 청년의 눈에서는 뜨거운 눈물이 흘렀어요. 청년은 형석이의 마음도 모르고 오해했던 것이 너무 미안했어요. 사실 청년뿐만 아니라 많은 사람들이 형석이를 오해하고 있었어요. 중국 군대에서 높은 자리에 올라 조국을 잊었다고 생각한 사람들이 많았거든요.

형석이는 중국 군대에서 중국군을 위한 군가를 만들고 있었지만 단 하루도 조국을 잊어 본 적이 없었어요. 아버지가 주신 조국의 흙 한 줌과 태극기를 보며 매일 같이 조국 독립을 위한 방법을 연구하고 있었거든요. 그리고 당시 중국군도 일본의 제국주의*에 맞서 싸우고 있었기 때문에 중국군이 일본에 맞서 승리를 하는 것은 중요했어요.

"오해가 풀려서 다행이오. 자리에 앉으시오."

"나는 나월환이라고 하오."

청년의 이름은 나월환으로 한국청년전지공작대를 이끌고 있었어요. 당시 임시정부는 여기저기 옮겨 다니기만 할 뿐 구체적인 활동

★ **제국주의** 강한 군사력과 경제력으로 다른 나라나 민족을 정벌하여 식민지로 삼는 침략주의적 경향이나 국가 정책.

을 하지 못하고 있었어요. 이를 안타깝게 여긴 나월환과 같은 애국 청년들이 자발적으로 만든 것이 바로 한국청년전지공작대였어요. 하지만 한국청년전지공작대가 훈련할 만한 곳이 마땅치가 않았어요.

나월환의 이야기를 들은 형석이는 조금의 망설임도 없이 말했어요.

"내가 도움이 되고 싶소. 나도 한국청년전지공작대에 들어가겠소. 우리 함께 힘을 모아 봅시다!"

형석이와 나월환 대장은 밤새 술잔을 기울이며 앞날의 일을 의논했어요. 나월환 대장이 이끄는 한국청년전지공작대는 한청반(한국청년간부 훈련반)이라는 이름으로 활동했어요. 이때 한형석은 간사단 교관으로 일했어요. 한청반은 한형석의 도움으로 간사단에서 함께 교육을 받게 되었어요.

간사단의 일과는 아침 6시부터 시작되었어요. 넓은 연병장에 많은 훈련생들이 집합하면 아침 조회를 했어요. 먼저 국기에 대한 경례를 하고, 형석이의 지휘 아래 국가를 불렀어요. 물론 중국 국가였어요.

중국 군사들은 힘차게 국가를 불렀지만 한청반 대원들은 힘없이 고개를 숙이고 있기 일쑤였어요. 형석이는 단상에 올라가 지휘를 하며 그 모습을 볼 때마다 가슴이 터질 것 같았어요. 그래서 한청반 대원들은 휴식 시간이 되면 형석이의 지휘에 맞춰 누구보다 힘차게 애국가를 불렀어요.

간사단에 더부살이하는 처지였지만 한청반 대원들은 기죽지 않았어요. 더 열심히 훈련을 받았어요. 그래서 가을에 열린 운동회에서는 많은 종목에서 우승을 차지해 중국 군사들을 놀라게 하기도 했어요. 간사단과 한청반 대원들은 시간이 흐를수록 동지애를 갖게 되었어요. 모두 일본을 무찔러야 한다는 공통된 생각을 하고 있었기 때문이지요. 한청반 대원들과 간사단은 열심히 훈련을 받으며 나날이 성장했어요. 형석이 또한 조국 독립을 위해 훈련에 힘쓰는 한편 작곡가 한유한으로도 열심히 활동하며 애국심을 담은 음악을 만들었어요.

한국 최초의 오페라
〈아리랑〉이 울려 퍼지다

　전쟁이 무서운 것은 사람들의 목숨도 빼앗지만, 미래에 대한 희망도 빼앗고, 마음도 병들게 하는 것이에요. 그래서 전쟁 중에도 사람들의 마음을 어루만지고 치유해 주는 예술은 무척 중요해요.
　하지만 형석이가 살던 시절에는 예술의 중요성을 알고 있는 사람이 흔치 않았어요. 사실 그 중요성을 알고 있다 하더라도 예술을 배우기도 즐기기도 힘든 상황이었어요. 그렇지만 누군가는 음악을 공부하고, 누군가는 그림을 그렸으며, 누군가는 시를 쓰고, 누군가는 소설을 썼으며 또 누군가는 영화를 만들며 조국 독립에 대한 의지를 불태웠어요.

형석이도 무척 어렵게 음악 공부를 했어요. 아버지의 뜻을 저버리고 음악을 선택했던 것은 음악으로 조국 독립에 보탬이 되려는 생각 때문이었어요. 그래서 형석이는 사람들의 마음을 한곳으로 모아 애국심을 드높일 수 있는 노래를 열심히 만들었어요. 노래의 힘은 실로 대단한 것이어서 형석이가 만든 군가를 부르면 기운이 나고 싸울 의지가 샘솟는 것 같다고 말하는 사람들도 많았어요.

"군가도 좋지만 다른 것은 없을까?"

형석이는 깊은 고민에 빠졌어요. 노래도 좋지만, 노래 말고 사람들의 가슴에 애국심을 드높일 것이 있었으면 좋겠다는 생각을 하게 되었거든요.

"그래, 바로 그거야!"

형석이는 1937년에 만들었던 아동 가극 〈리나〉를 떠올렸어요. 아이들을 대상으로 한 것이었지만 〈리나〉의 반응은 매우 뜨거웠어요. 형석이는 〈리나〉처럼 노래와 이야기가 어우러진 오페라를 만들어야겠다고 생각했어요.

"우리 전통 민요와 창작곡을 섞어 애국심을 드높이는 오페라를 만들자."

형석이는 한청반으로 일하랴, 간사단 교관으로 일하랴 무척 바빴지만 마음에 품은 뜻을 실현시키기 위해 틈틈이 각본을 쓰고 곡을 만들었어요. 하지만 혼자 힘으로 오페라를 만들 수는 없었어요. 오페라 공연을 무대에 올리려면 공연장도 필요했고, 배우도 필요했기 때문이에요.

"오페라 공연을 하자고요?"

형석이의 얘기에 사람들은 놀랐어요.

"지금은 오페라 공연으로 시간을 낭비할 때가 아니오."

"맞소. 내 평소 한 동지가 군인들의 사기를 드높이기 위해 여러모

로 애쓰는 것은 알고 있지만 오페라 공연을 하겠다는 생각은 잘못된 생각인 것 같소."

형석이는 자신의 뜻을 펼치기가 어려웠어요. 오페라가 무엇인지 모르는 사람도 많았고, 일본과 맞서 싸우기 위해서는 군사 훈련이 먼저라고 생각하는 사람이 많아서 공연을 반대했기 때문이에요.

"한 동지가 음악 공부를 한 사람이라 모르는 모양인데, 지금 우리는 한가로이 공연 준비나 할 때가 아니란 말이오."

"총칼로만 독립운동을 하는 것이 아닙니다. 오랜 일제의 통치로 많은 사람이 지쳐 있습니다. 이럴 때일수록 오페라를 통해 애국심을 드높여야 합니다. 또 공연 수익금은 독립군을 위한 군자금으로 쓸 생각입니다."

형석이는 차분하지만 힘 있게 자신의 뜻을 전달하고 반대하는 사람들을 설득했어요. 마침내 반대하던 사람들도 형석이의 뜻을 받아들이게 되었어요. 길고 긴 항일 운동으로 지친 사람들을 달래고 애국심을 드높여야 한다는 형석이의 뜻을 이해하게 된 것이지요. 한청반 대원들은 배우로 출연하거나 형석이를 도와 공연 준비를 했어요.

1940년 5월 22일 드디어 오페라 〈아리랑〉이 무대에 올랐어요.

"자, 모두 긴장하지 마시고 연습하던 대로 합시다."

주연 배우를 맡은 형석이는 몹시 긴장이 되었지만 다른 배우들을 격려했어요.

어느새 막이 오를 시간이 되었어요. 형석이는 심호흡을 하며 공연이 무사히 끝나기를 기도했어요. 그리고 여러 사람과 함께 준비한 이 공연이 어려운 시기를 지내고 있는 많은 사람들에게 위안이 되고 힘이 되기를 바랐어요.

드디어 무대의 막이 올랐어요. 객석을 꽉 메운 사람들은 모두 한마음이 되어 아리랑 산으로 꾸며진 무대 위를 바라보았어요.

평화로운 아리랑 산에 시골 처녀와 목동으로 분장한 형석이가 등장했어요. 시골 처녀와 목동은 조선의 전통 민요를 부르며 서로의 마음을 고백했어요. 민요 〈봄이 왔네〉가 흘러나오자 객석에서는 박수와 함성이 터져 나왔어요. 머나먼 타국 땅에서 민요를 들으니 감동한 것이지요.

평화롭고 사랑스러운 1막 1장이 끝나고 2장이 시작되었어요. 사랑을 이뤄 부부가 된 시골 처녀와 목동에게 위기가 찾아왔어요. 일본 침략자들이 아리랑 산으로 쳐들어왔기 때문이에요. 일본 침략자들은 아리랑 산촌을 피로 물들이고 아리랑 산꼭대기에 일장기를 꽂았어요. 사람들은 일본 침략자들을 피해 도망치며 〈아리랑〉을 불렀어요.

객석 여기저기서 탄식이 흘러나왔어요. 안타까운 마음으로 무대를 지켜보던 사람들 중에는 조용히 〈아리랑〉을 따라 부르는 사람들도 있었어요.

2막에서는 시골 처녀와 목동이 〈한국 행진곡〉을 부르며

혁명군과 함께 전투를 치렀어요.
〈한국 행진곡〉은 형석이가 작곡한 곡으로 씩씩하고 우렁찬 느낌이 드는 곡이었어요. 30여년간 혁명군으로 조국 독립을 위해 애쓰던 목동 부부는 3막에서 죽

음을 맞이하고 말았어요. 주인공들의 죽음에 객석에서는 눈물을 흘리는 청중도 있었어요. 하지만 혁명군이 계속해서 용감한 전투를 치른 끝에 아리랑 산 정상에 꽂혀 있던 일장기를 빼고 태극기를 꽂으며 막이 내리자 사람들은 자리에서 일어나 박수를 치며 환호했어요.

"만세!"

"아리랑 만세!"

"한유한 만세!"

무대에 선 형석이는 객석에서 터져 나오는 환호와 박수 소리를 들으며 가슴으로 뜨거운 눈물을 흘렸어요. 지난 1여년간 〈아리랑〉을 준비하며 고생했던 일들이 떠올라 가슴이 벅차기도 하고, 뿌듯하기도 했어요.

'아버지, 제가 아버지 뜻을 거역했지만 음악으로 조국 독립에 보탬이 되고 있습니다.'

형석이는 사람들의 박수와 환호를 받으며 멀리 계신 아버지를 생각했어요. 한국 최초의 오페라인 〈아리랑〉은 대성공이었어요. 작사, 작곡을 비롯해 각본, 무대감독, 해설, 악단 총지휘는 물론이고 남자 주인공인 목동 역할까지 형석이가 무려 1인 7역을 해냈어요.

어려운 시기였지만 많은 사람이 실험극장을 찾아 오페라 〈아리랑〉을 관람했어요. 한국 최초의 오페라인 〈아리랑〉에 대한 관심과 호응은 매우 뜨거웠어요. 전등이 없어 검은 갓을 씌운 석유 등잔 두 개를 걸어 놓고 한 공연이었지만 공연장을 찾는 사람들의 발길은 끊이지 않았어요.

〈아리랑〉은 항일 정신을 고취시켰을 뿐 아니라 짜임새 있는 줄거리와 빼어난 음악과 배경을 뒷받침하여 작품성을 인정받았어요. 공연을 본 사람들은 물론 중국의 각종 신문들도 앞다투어 〈아리랑〉을 칭찬하는 기사를 실었어요.

중국 오페라에도 큰 영향을 끼친 〈아리랑〉에는 형석이가 작곡한 노래 외에 잘 알려진 조선의 전통 민요도 많이 있었어요. 배우들이 〈봄이 왔네〉나 〈아리랑〉, 〈고향 생각〉과 같은 민요를 부를 때 객석에 앉은 조선 사람들은 대부분 눈물을 흘렸어요.

관객들은 모두 한마음이 되어 〈아리랑〉을 보며 울고 웃었어요. 총칼을 들고 일본군을 위협하지 않았지만 형석이의 조국 독립에 대한 의지와 일본에 대한 저항 정신이 담긴 〈아리랑〉은 항일의 상징이 되어 사람들의 마음을 울렸어요.

어느덧 일본이 조선을 통치한 지 30년이 넘었어요. 하지만 고국의 사정은 점점 나빠지기만 했어요. 이제는 우리말과 이름도 못쓰게 한다는 소식이 들렸어요. 일본어를 쓰게 하고, 일본 이름으로 바꾸지 않으면 벌을 받게 된 것이지요. 형석이는 고향에서 전해 오는 소식을 들을 때마다 피가 거꾸로 솟는 것 같았어요. 형석이는 울분과 설움, 조국 독립에 대한 의지를 모두 담아 〈아리랑〉을 만든 것이었어요.

〈아리랑〉은 모두 우리말로 공연되었지만 중국 사람들의 반응도 대단했어요. 〈아리랑〉은 실험극장에서 열흘 동안 공연을 마친 뒤 중국 곳곳을 옮겨 다니며 공연을 했어요. 그 덕분에 중국 사람들에게도 〈아리랑〉 노래가 유행할 정도였어요. 또한 공연으로 번 돈은 독립군의 겨울옷을 마련하는 데 쓰였어요.

형석이는 〈아리랑〉 외에 〈한국의 한 용사〉라는 작품도 무대에 올렸어요. 〈한국의 한 용사〉는

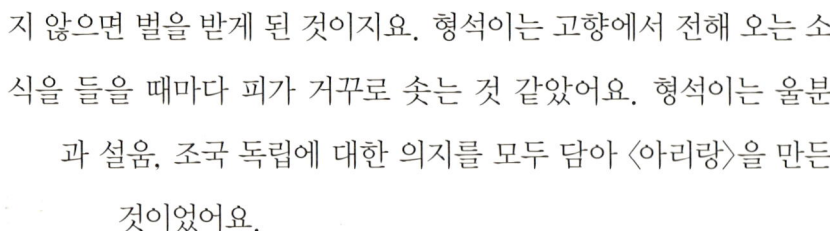

실화를 바탕으로 한 작품이었어요.

"여러분, 박동운이라는 청년이 아주 큰일을 했답니다."

〈아리랑〉 공연 준비로 한창 바쁘던 1월의 어느 날이었어요. 한 동지가 신문을 가지고 와서는 박동운이라는 청년에 대해 알려 주었어요.

박동운이라는 청년은 중국 산시의 서영제에서 일본 헌병대 통역원으로 일하고 있었어요. 일본 헌병대 통역원으로 일하고 있었지만 그의 마음속에는 언제나 조국 독립에 대한 열망이 자리 잡고 있었어요. 호시탐탐 기회만 노리던 그는 잡혀 온 중국 유격대원들이 총살되기 전에 일본군을 죽이고 중국 유격대원과 함께 탈출했어요. 게다가 박동운은 일본 헌병대 기밀문서도 빼내 와 중국군에게 큰 도움을 주었어요.

"정말 용기 있는 청년이군."

"그런 청년이 한국인이라니 정말 자랑스러워."

중국군들은 물론이고 한청반 대원들에게도 박동운의 이야기는 감동을 주었어요.

"아주 대단한 청년이군. 이 청년의 이야기를 오페라로 만들어야 겠어."

형석이는 박동운의 이야기를 오페라로 만들어야겠다고 생각했어요. 형석이의 생각대로 박동운의 이야기를 담은 〈한국의 한 용사〉는 사람들에게 큰 인기를 끌었어요.

1940년 9월 17일 광복군이 창설되었어요. 일본군을 무찌르고 조국의 독립을 앞당기기 위해 우리나라도 공식적인 정부 군대를 만든 것이에요. 광복군 총사령관에는 지청천 장군이 임명되었고, 이범석 장군이 참모장으로 취임했어요.

다음 해에는 한국청년전지공작대도 광복군 제5지대로 편입되었

어요. 형석이는 자연스레 광복군이 되었어요. 1년 후에는 다시 제2지대로 개편해 이범석 장군이 제2지대장이 되었어요. 이범석 장군은 일찍부터 독립운동에 뛰어들었고, 김좌진 장군을 도와 청산리대첩을 승리로 이끈 분이었어요.

이범석 장군은 직접 대원 훈련에 앞장섰어요. 어느 날 이범석 장군이 형석이를 불렀어요. 그러고는 종이 한 장을 내밀었어요.

"동지의 이야기는 익히 들었소. 동지 같은 사람이 있다는 게 얼마나 감사한 일인지 모르오. 그런데 한 동지, 우리에게도 애국심을 드높이고 대원들의 사기를 높여 줄 군가가 필요하지 않겠소? 내가 태극기를 주제로 가사를 한 번 써 보았는데, 한 동지가 작곡을 좀 해 주시오."

형석이는 이범석 장군이 써 준 가사에 맞게 우렁찬 노래를 만들었어요. 그 노래가 바로 〈국기가〉예요. 예술부장을 맡고 있는 형석이는 대원들에게 노래도 가르쳤어요. 광복군은 국기 게양식을 할 때마다 이 노래를 우렁차게 불렀어요.

형석이는 〈국기가〉 외에도 열심히 군가를 만들었어요. 〈광복

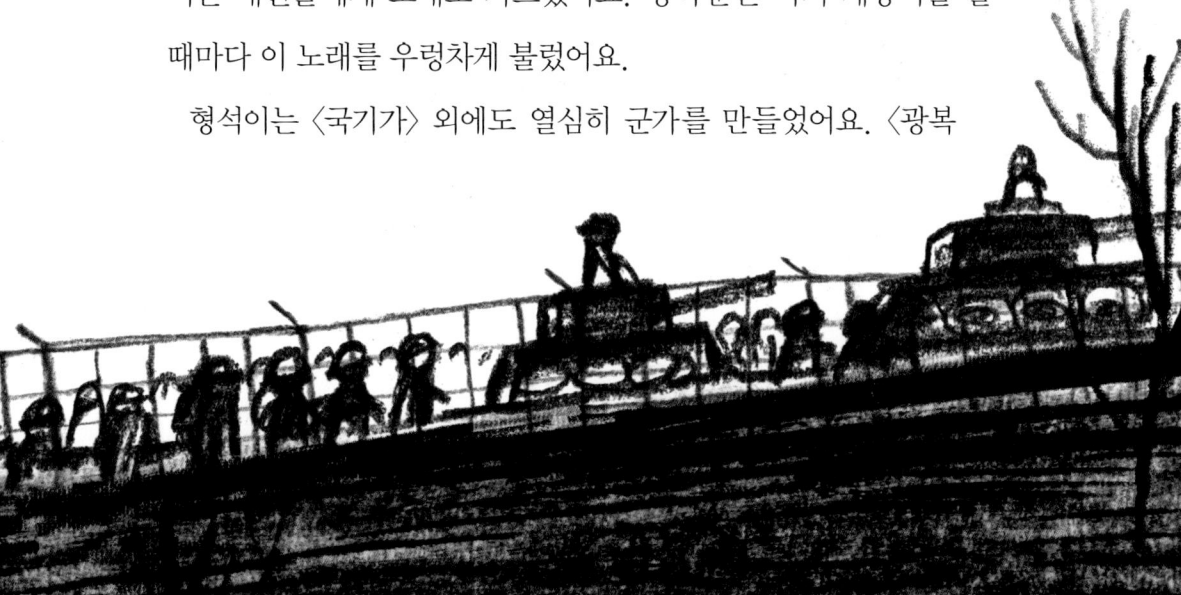

군 제2지대가〉를 비롯해 〈압록강 행진곡〉, 〈조국 행진곡〉 등도 만들었어요. 형석이는 그동안 만든 곡들을 책으로 펴내기도 했어요.

또한 이범석 장군의 지휘 아래 위문 공연도 많이 다녔어요. 큰 성공을 거둔 〈아리랑〉과 〈한국의 한 용사〉를 가지고 중국 곳곳으로 공연을 다닌 것이지요. 임시정부의 주석이었던 김구 선생도 형석이의 공연을 보고 칭찬을 아끼지 않았어요.

형석이는 눈코 뜰 새 없이 바쁜 와중에도 중국 시안에 있는

전시아동보육원에 아동극장을 만들고, YMCA 합창단 지휘와 연극 활동에도 힘썼어요. 전쟁 중이었지만 형석이는 아이들에게 관심이 많았어요. 아니, 전쟁 중이기에 더욱 관심이 많았어요. 전쟁은 어린아이들에게 더 비참하고 무서운 것이라는 것을 잘 알고 있었기 때문이에요.

형석이는 아름다운 예술 작품으로 전쟁 때문에 상처받은 아이들을 위로하고 웃음을 찾아 주고 싶었어요. 그래서 잘 알려진 동화를 각색하여 아이들을 위한 작품을 만들었어요.

"아이들에게 보여 주기 위한 작품만 만들지 말고, 아이들을 직접 참여시켜 보자."

형석이는 보육원 아이들 중 예술에 재능이 있는 아이들을 뽑아 무대에 오르게 해야겠다고 생각했어요.

"선생님, 제가 무대에 오르는 거예요?"

뽑힌 아이들은 어리둥절한 표정을 지었어요. 아이들은 공연을 보기만 했지 직접 무대에 오르게 될 거라고는 생각하지 못했기 때문이에요.

"그래, 네가 무대에 서서 노래도 부르고, 연기도 하는 거다. 네 노래를 듣고 많은 사람들이 행복해질 거야."

형석이의 말에 아이들은 무척 기뻐했어요. 전쟁으로 부모를 잃고 희망 없이 살아가던 아이들의 눈이 반짝였어요. 늘 기죽어 있던 아이들이 달라진 것이지요.

형석이는 유명한 무용가를 초청해 아이들에게 무용을 가르치기도 하고, 직접 노래와 연기도 지도했어요. 잠잘 시간도 모자랄 만큼 고단한 나날을 보냈지만 형석이는 무척 즐거웠어요.

몇몇 아이들은 정말 뛰어난 재능을 지니고 있었어요.

"너는 나중에 음악을 하면 좋겠구나."

아이들은 형석이의 말을 듣고 새로운 꿈과 희망을 갖게 되었어요. 그렇게 전쟁 중에 부모를 잃고 고아가 되어 고통 속에 살던 아이들은 형석이를 만나 예술을 접하며 상처를 치유받았어요.

자유아동극장을 세우다

  일본이 미국 진주만을 습격하고, 태평양전쟁*이 시작되는 등 한 치 앞을 내다볼 수 없을 만큼 많은 일들이 일어났어요. 본격적인 전쟁 준비에 돌입한 일본은 조선의 어린 소년들까지 전쟁터로 끌고 나갔어요.

  어두운 소식들만 들려오던 어느 날, 광복군이 연합군**과 손잡게 되었다는 좋은 소식이 들려왔어요. 임시정부는 형석이가 속한

★ **태평양전쟁** 1941년부터 1945년까지 일본과 연합군 사이에 벌어진 전쟁.
★★ **연합군** 전쟁에서 두 나라 이상이 힘을 합해 이룬 군대로, 태평양전쟁에서는 미국, 영국, 중국이 힘을 합침.

부대를 국내정진군으로 개편하고 총사령관에 이범석 장군을 임명했어요.

"김구 선생님이 오신답니다. 조국에 파견할 특공대의 전력도 점검하고 대원들도 격려해 주신다고 합니다."

1945년 8월 11일 임시정부의 주석인 김구 선생이 온다는 소식에 광복군은 바빠졌어요. 형석이는 특별히 〈동포는 우리를 기다린다〉라는 아주 짧은 연극을 준비도 했어요.

11일에는 미군 특공대 사령관과 광복군을 비롯한 김구 주석은 회의를 하고, 15일에는 산시성 주석인 주소씨의 초대로 만찬회가 열렸어요. 이 만찬회 때 형석이는 〈동포는 우리를 기다린다〉를 공연했어요. 공연이 한창 중인 때 전화 한 통이 걸려 왔어요. 전화를 받고 온 주석은 울다가 웃다가 다시 울며 소리치고 발을 구르고 박수를 쳤어요.

"무, 무슨 일입니까?"

만찬회에 참석한 사람들 모두 주석의 행동을 보고 깜짝 놀라 물었어요.

"여러분, 일본이 항복을 했답니다! 하하하하. 흐흐흐흑. 드디어 항복을 했답니다."

일본이 항복했답니다!

주석은 이야기를 하는 순간에도 울다가 웃고, 웃다가 울었어요.

"이, 일본이 항복을 했다고요?"

중국 사람들은 서로 얼싸안고 춤을 추고 술을 마셨어요. 형석이와 임시정부 요인들은 꿈에 그리던 독립이 되었다는 소식에 너무 기뻐 할 말을 잃었어요. 하지만 전쟁에 진 일본이 항복을 했기 때문에 조국 독립을 이루게 된 것이 못내 아쉬웠어요. 머나먼 타국 땅에서 고생을 마다하지 않고 군사 훈련을 했던 광복군은 허탈한 마음에 힘이 쭉 빠져 버렸어요.

"이럴 때일수록 힘을 내야 합니다. 앞으로 우리는 해야 할 일이 더 많습니다."

광복군은 다시 힘을 내기로 했어요. 형석이와 광복군에게는 새로운 임무가 주어졌어요. 김구 주석의 지휘 아래 중국에 흩어져 있는 동포들을 모으고, 일본군에게 끌려간 한국 국적의 군인들을 다시 조국으로 보내는 일이었어요.

형석이는 제남 특파원 주임으로 임명되었어요. 제남으로 간 형석이는 동포들을 찾기 위해 노력했어요. 하지만 동포들은 대부분 고국으로 돌아간 뒤였어요. 몇몇 동포들과 함께 청도로 간 형석이는 광복을 맞았지만 조국이 몹시 혼란스러운 상태라는 소식을 들었어요.

형석이는 산동대학에 취직을 해 잠시 머물렀어요. 하지만 1948년 9월 동지의 연락을 받고 더 이상 미룰 수 없어 귀국을 하기로 결정했어요. 형석이가 탄 귀국선은 조국으로 가는 마지막 배였어요.

형석이가 탄 배는 인천 월미도에 도착했어요. 중국에서 온 귀환 동포는 인천에 있는 월미도 수용소에서 일주일 동안 머물러야 했어요. 어린 시절 떠나 30여 년 만에 되돌아온 조국에서의 첫날 밤, 형석이는 잠이 오지 않았어요.

조성환 선생의 말씀을 듣고 예술로 조국의 독립을 위해 힘을 보태겠다고 애썼던 날들, 함께 연극을 하며 울고 웃던 동지들이 하나

둘 떠올라 한숨도 잘 수가 없었어요. 뜬눈으로 밤을 새운 뒤 검역을 받고 있는데 특별 면회 신청이 들어왔어요.

"사모님!"

이범석 장군의 부인인 김마리아 여사가 형석이를 찾아온 것이었어요. 형석이는 김마리아 여사와 함께 이범석 장군을 찾아갔어요. 이범석 장군은 형석이의 어깨가 부서지도록 끌어안아 주었어요.

이범석 장군은 광복이 된 뒤 3년이 되도록 소식을 전하지 않았던 형석이를 애타게 기다리고 있었어요.

"어찌 그리 무심한가? 이 짐승만도 못한 친구야!"

이범석 장군은 동물을 무척 좋아해 사람과 동물을 비교하길 좋아했어요. 아끼던 형석이가 3년 동안이나 연락이 없자 동물보다 못하다며 섭섭해 한 것이에요. 하지만 서운한 마음도 잠시 이범석 장군은 헤어진 형제라도 만난 것처럼 기뻐했어요.

"자네가 이곳에서 할 일이 많네."

이범석 장군은 국무총리 겸 국방부 장관 등 중요한 자리를 맡고 있었어요. 이범석 장군은 형석에게 함께 나랏일을 하자고 했어요. 예술 관련 관리직을 맡으라고도 했어요. 하지만 형석이는 모든 것을 거절했어요.

"장군님, 저는 너무 오랫동안 중국에서 살았기 때문에 나라 사정에 어둡습니다. 제가 조국에 대해 아는 것이라고는 이름뿐입니다. 이런 제가 어떻게 나랏일을 맡겠습니까? 거절하는 제 마음을 헤아려 주세요. 전 고향으로 내려가겠습니다."

형석이는 이범석 장군의 청을 거절했어요. 누구보다 나라를 생각하는 사람이었지만 형석이는 자신이 할 수 없는 일에는 욕심을 내지 않았어요. 형석이는 고향으로 갔어요. 작은 내과 병원을 운영하고 있던 부모님은 형석이를 보자 눈물부터 흘렸어요.

"아버님, 어머님, 불효자를 용서하세요."

형석이는 부모님 곁에서 머무르며 그동안 부모님께 하지 못한 효도를 했어요. 앞으로 어떤 일을 하면 좋을지 고민하고 있던 때에 이범석 장군에게 다시 연락이 왔어요.

"이번에도 내 부탁을 거절하면 정말 화낼 걸세. 자네가 좋아하는 예술과 관련된 일이네."

"어떤 일인가요?"

"부산에 국립극장을 만들 걸세. 자네가 맡아서 극장 공사를 마무리하게."

이범석 장군이 형석이에게 맡긴 일은 일제 강점기 때 영화관이었던 보래관을 국립부산문화극장으로 만드는 일이었어요. 형석이는 선뜻 그 일을 맡았어요. 연극 공연도 할 수 있도록 무대를 넓히는

등 문화극장 개관에 힘썼어요.

"우아, 정말 크네요."

"부산의 자랑거리가 되겠어요."

"진짜, 어마어마하네요."

형석이는 사비를 털고 빚까지 지면서 극장을 지었어요. 새로 지은 극장은 전국에 있는 어떤 극장보다 크고 좋았어요.

길고 지루한 공사가 끝나고 1950년 6월 18일, 드디어 개관식을 열게 되었어요. 개관식은 국립창극단까지 불러 거창하게 치뤘어요.

'이곳에서 사람들의 마음을 치유하고 희망찬 미래를 꿈꾸게 할 멋진 공연을 많이 해야지!'

문화극장장으로 취임하게 된 형석이는 각오가 남달랐어요. 여러 가지 멋진 계획도 세워 놓았어요. 공연은 물론이고 사람들에게 예술 교육도 해야겠다고 생각했어요.

개관 공연으로 연극 〈황진이와 지족 선사〉라는 작품을 무대에 올렸어요. 최고의 배우들이 무대에 올랐고, 사람들의 호응도 대단했어요. 전쟁으로 지친 사람들은 연극을 보며 많은 위안을 얻었어요.

형석이는 기뻐하는 사람들을 보며 여러 가지 꿈에 부풀었어요. 하지만 안타깝게도 극장이 문을 연 지 일주일 만인 6월 25일, 한국전쟁(6·25전쟁)이 일어나고 말았어요. 부산이 임시수도가 되자, 정부의 각 기관들이 부산으로 내려왔어요. 개관한 지 얼마 안 된 극장은 국회임시의사당으로 사용되면서 무기한 휴관에 들어갔어요.

"전쟁이라니! 그것도 같은 동족끼리 이게 무슨 일이란 말인가!"

형석이는 하늘이 무너지는 것처럼 슬펐어요.

"극장장님, 극장장님. 흑흑흑!"

형석이를 도와 극장 건설부터 함께해 온 많은 직원들도 마음 아파했어요.

"나라가 어려운 때잖소. 포기하지 않으면 다시 이곳에서 연극이 공연될 날이 올 겁니다. 우리 희망을 잃지 맙시다. 더 어려운 시기도 버텨 낸 게 우리 민족 아닙니까?"

그러나 형석이의 바람과는 달리 연합국이 들어오면서 극장은 미군 전용 위안 극장으로 쓰였어요. 형석이는 단순한 극장 관리자가 되고 말았어요. 형석이는 너무나 가슴이 아팠어요. 그의 새로운 꿈이 물거품이 되어서가 아니에요. 그토록 힘들게 되찾은 조국인데 동족끼리 총을 겨누게 된 현실이 너무 슬펐기 때문이었어요.

형석이가 문화극장 개관 준비에 한창일 무렵, 나라의 사정은 매우 좋지 않았어요. 광복을 맞은 뒤 남과 북으로 나뉘어 미국과 소련에 의해 신탁통치*를 받게 되었기 때문이에요. 사실 광복을 맞은 뒤 한국은 몹시 혼란스러웠어요. 모두 함께 광복을 꿈꿀 때는 한마음으로 모였는데, 막상 광복이 되고 나니 서로 꿈꾸는 나라에 대한 생각의 차이가 너무 컸던 거예요.

"이게 무슨 일이냐? 다시 또 누군가의 식민지가 된다는 것이냐?"

형석이네 가족은 신탁통치 소식을 듣고 분통을 터트렸어요. 형석이도 분하고 슬프기는 마찬가지였어요. 일본에게서 독립을 하기 위해 얼마나 많은 사람이 목숨을 바쳤는지 몰라요. 그런데 신탁통치라니요.

하지만 몇몇 사람들은 신탁통치를 받아들이자고 주장했어요.

★ **신탁통치** 국제 사회로부터 위임을 받은 나라가 일정한 지역을 통치하는 일.

"신탁통치를 찬성하는 놈은 매국노와 다름없어!"

신탁통치를 반대하는 사람들은 분노했고 혼란은 더 커지고 말았어요.

나라와 민족을 걱정하는 마음은 하나였지만 사람들은 저마다 자신들의 의견을 주장하며 서로를 비난했어요. 뿐만 아니라 폭력도 서슴지 않았어요. 자신의 뜻에 방해가 되는 사람을 없애는 일도 마다하지 않았어요.

1947년 7월 19일, 통일 정부를 만들기 위해 노력하던 여운형이 암살되었어요. 여운형은 미국과 소련 편으로 나누어져 서로를 미워하는 사람들을 어떻게든 화해시키려고 했어요. 그래서 자신과 뜻을 달리하는 김규식과 손을 잡고 노력 중이었어요.

여운형의 죽음으로 혼란스러워진 나라는 김구 선생의 죽음으로 또 한 번 휘청거리게 되었어요. 남과 북으로 분단되는 것을 막기 위해 노력하던 김구 선생을 안두희라는 사람이 총으로 쏘았거든요.

"선생님, 어떻게 눈을 감으셨습니까? 선생님!"

형석이는 몹시 슬펐어요. 수많은 사람의 기둥이 되어 주던 김구 선생이 뜻을 제대로 펼쳐 보지도 못하고 운명한 것이 너무나 원통하고 안타까웠어요.

결국 세력을 잡은 이승만 정부가 들어섰지만 대한민국은 남과 북으로 허리가 잘린 반쪽 나라가 되고 말았어요. 남한과 북한은 의견 차이를 좁히지 못하고 대립을 계속했고, 결국 서로에게 총을 겨눈 한국전쟁이 일어났어요.

피눈물로 얼룩진 전쟁이 끝나자, 대한민국 곳곳은 전쟁의 상처로 고통받아야 했어요. 전쟁을 치르는 동안 기록 영화를 만드는 등 자신이 할 수 있는 일로 사람들에게 도움이 되고자 했던 형석이는 새로운 고민에 빠지게 되었어요.

전쟁이 끝나자 폭격으로 파괴된 도시를 떠도는 아이들이 많았어요. 피난길에 고아가 된 아이들이 많았기 때문이에요.

"이럴 때일수록 예술이 필요해. 전쟁으로 고아가 된 아이들에게 꿈과 희망을 주자."

형석이는 전쟁으로 고아가 된 아이들을 위해 나서기로 했어요. 하지만 전쟁이 끝난 뒤라 형석이조차 형편이 말이 아니었어요. 그러나 아이들을 모른 척할 수 없었던 형석이는 자신이 직접 아동극장을 짓기로 마음먹었어요. 설계부터 건설까지 모두 혼자 힘으로 해야겠다고 결심했어요.

"저도 돕겠습니다."

"저도 작지만 힘을 보태겠습니다."

"아이들을 위해 큰일 한번 해 봅시다!"

다행히 형석이의 친구, 친척, 형제들이 형석이와 뜻을 함께하겠다며 사비를 털고 힘을 모았어요.

6월의 어느 날, 땀을 뻘뻘 흘리며 목재로 기둥을 세우는 사람들을 보며 형석이는 종이와 붓을 가져와 글을 쓰기 시작했어요. 음악뿐만 아니라 서예에도 재능이 있었던 형석이가 종이에 쓴 글은 바로 '우리 힘으로 세우자!'라는 글귀였어요.

힘찬 필치가 돋보이는 이 글귀는 아무런 대가 없이 땀 흘리는 사람들에게 큰 기운을 불어 넣어 주었어요. 형석이 역시 지치고 힘들 때마다 그 종이를 보며 기운을 차렸어요.

1953년 8월 15일, 형석이는 드디어 자신의 판잣집이 있는 언덕에 자유아동극장 겸 색동야학원을 열었어요.

"아동극장? 저게 뭐야? 아이들이 노는 곳인가?"

부모를 잃고 거리를 떠돌던 아이들은 형석이의 자유아동극장으로 모여들었어요. 그때는 아동극장이라는 말조차 낯설 때였어요.

"이번 공연도 만석이군요."

"아이들의 얼굴에 웃음꽃이 피었습니다. 하하하!"

동화를 각색한 영화와 아동극, 인형극, 그림 연극 등을 공연했어요. 문을 연 극장에는 웃음소리가 떠나지 않았어요. 하루에 3회 공연을 했지만 극장 주위에는 언제나 아이들로 북적거렸어요. 하지만 무료 공연이었기 때문에 극장 운영에는 어려움이 많았어요.

당시 형석이는 부산대학교에서 학생들을 가르치며 월급을 받았는데 자유아동극장을 운영하느라 늘 빚에 허덕였어요.

하지만 극장 공연은 물론이고 학생들을 가르치는 야학원까지 운영했어요. 형석이는 자유아동극장에서 낮에는 공연을 하고 밤에는 아이들을 가르쳤어요. 전쟁으로 부모를 잃은 아이들에게 일반 초등학교와 같은 교육을 하겠다는 형석이의 의지로 시작된 일이었어요.

"가갸거겨고교! 자, 큰 소리로 따라 해 보자."

"가갸거겨고교!"

"원 녀석들, 귀청 떨어지겠다."

지붕이 없어서 비가 오면 실내에서도 우산을 쓰고 공부해야 했지만 배우는 아이들도, 가르치는 선생들도 그 열의가 대단했어요. 힘들고 지칠 때가 많았지만 아이들의 해맑은 웃음을 보며 모두 힘을 냈어요. 하지만 행복한 시간은 오래가지 못했어요.

"이제 다시는 연극 못 봐요?"

"선생님, 이제 우리는 어디서 공부해요?"

아이들의 울음소리로 극장이 요란스러워졌어요. 아이들이 자유아동극장과 색동야학원이 문 닫는다는 소식을 듣고 한바탕 난리가 났어요. 희망차게 문을 연지 2년여 만의 일이었어요. 여기저기

서 성금을 보냈지만 많은 출연자를 거느린 극장을 운영하기에는 어려움이 많았어요. 형석이는 가슴이 미어지는 것 같았어요.

자유아동극장은 2년 동안 무려 500여 회의 공연을 하였고, 그 공연을 보러 온 관객이 12만 명에 달했어요. 매일 밤마다 80여 명의 아이들을 가르쳤어요. 형석이는 어떻게든 버티려고 했지만 문을 닫을 수밖에 없었어요.

"선생님, 제발 문 닫지 마세요."

"공부하고 싶어요."

제집처럼 드나들던 자유아동극장이 문을 닫는다는 소식에 아이들은 무척 슬퍼했어요. 그런 아이들을 보는 형석이도 가슴이 아팠어요. 이제 다시는 극장에서 아이들의 웃음소리를 들을 수 없다고 생각하니 마음이 아팠어요.

"사정이 좋아지면 다시 극장 문을 열 테니 슬퍼하지 말거라."

형석이는 아이들을 하나하나 안아 주며 말했어요. 형석이는 아이들이 웃음을 잃고 다시 거리를 떠돌게 될까 봐 걱정이 되었어요. 형석이는 다시 자유아동극장 문을 열 날을 손꼽으며 지냈어요. 하지만 한 번 문을 닫은 자유아동극장을 다시 열기란 쉬운 일이 아니었어요.

형석이는 매일 밤 꿈을 꾸었어요. 자유아동극장 문이 다시 열리고 아이들의 웃음소리로 극장이 꽉 차는 꿈을요. 하지만 매일 아침 눈을 뜰 때마다 사라지는 꿈 때문에 형석이의 가슴은 무너져 내렸어요. 그리고 안타깝게도 형석이는 아이들과 한 약속을 지키지 못하고 세상을 떠나고 말았어요.

먼 구름

"정말 멋진 분이지?"

어느덧 선생님의 이야기가 끝이 났어요. 하지만 한형석 선생님과 함께 울고 웃었던 아이들은 이야기에 푹 빠져 있었어요. 다른 때라면 음악 시간이 지루하고 괴로웠을 강복이도 한형석 선생님의 이야기가 너무 재미있었어요. 그만큼 한형석 선생님의 이야기는 울림이 컸어요.

"한형석 선생님이 우리나라 최초의 오페라인 〈아리랑〉을 작곡했다는 것은 잘 알려지지 않았어."

선생님이 말했어요.

"정말요? 어떻게 그럴 수가 있어요?"

아이들이 한목소리로 물었어요.

선생님의 말에 아이들은 고개를 갸웃거렸어요. 최초로 만들어졌다는데 사람들이 잘 모르고 있었다는 게 이상했거든요. 사람들은 처음 한 일을 중요하게 생각하니까요.

강복이는 속으로 생각했어요.

'처음이 붙은 건 중요한 건데, 어째서 우리나라 최초의 오페라인 〈아리랑〉은 몰랐을까?'

강복이의 궁금증은 금세 풀렸어요.

"한형석 선생님은 중국에서 활동을 한 데다가 '한유한'이라는 이름으로 활동을 했기 때문인 것 같아. 또 조국에 돌아와서는 중요 요직에 나서지 않으셨거든. 어떤 사람들은 자기가 하지도 않은 일을 부풀려서 말하기도 하는데 한형석 선생님은 참 겸손하셨던 것 같아."

선생님 말에 아이들 모두 감동한 표정을 지었어요. 강복이는 한형석 선생님이 정말 대단한 분이라고 생각했어요. 강복이는 축구 경기를 할 때 자신의 활약으로 팀이 이기기라도 하면 엄청 뽐내거든요. 강복이가 패스한 공이 골인으로 이어지거나, 강복이가 넣은 골 덕분에 이긴 날은 입에 침이 마를 정도로 자랑하는걸요.

그런데 한형석 선생님은 어쩜 그렇게 겸손할까요? 목숨을 걸고 독립운동을 하고, 조국 독립을 위해 애쓰셨지만 어떤 대가도 바라지 않았고, 자신이 한 일을 떠벌리지도 않았잖아요.

"선생님, 한형석 선생님이 우리나라 최초 오페라를 만드신 건 어떻게 알려졌어요?"

평소 책을 많이 읽는 서연이가 질문했어요. 정말 예리한 질문이지 뭐예요. 서연이의 질문에 선생님이 빙그레 웃으며 말했어요.

"그렇게 우리에게 잊혀질 뻔했던 한형석 선생님의 업적이 세상에 알려지게 된 건 중국 사람들 덕분이란다."

"중국 사람들이요?"

아이들은 고개를 갸웃거렸어요.

"선생님, 한형석 선생님이 중국에서 활동해서 그런 거예요?"

"그건 말이 안 돼. 김구 선생님도 중국에서 활동하셨잖아. 임시 정부도 중국에 있었고."

세호의 말에 서연이가 반박을 했어요. 강복이도 서연이의 말이 맞다는 생각이 들었어요. 많은 독립운동가들이 중국에서 활동을 했었던 것은 사실이니까요.

"선생님, 어떻게 중국 사람들 때문에 알려지게 된 거예요?"

궁금증을 참지 못한 강복이가 물었어요.

"한형석 선생님의 업적이 세상에 알려지게 된 건 한 중국인 음악 교수 덕분이야. 1997년 중국의 한 음악 잡지에 중국 최고의 음악사 학자인 량마오춘 교수라는 사람이 「한유한 씨! 어디에 계십니까?」라는 글을 실었대. 량마오춘 교수는 우연히 1940년대에 발간된 음악 잡지에서 한형석 선생님을 소개한 글을 보게 되었대. 이때 량마오춘 교수는 한형석 선생님의 뛰어난 음악성에 반해 버렸대. 〈아리랑〉은 중국 오페라에도 많은 영향을 끼쳤거든."

"그래서 한형석 선생님이 알려지게 된 거예요?"

"량마오춘 교수는 이름이 바뀐 한형석 선생님을 어떻게 찾아냈어요?"

아이들의 질문에 선생님이 이어 말했어요.

"'꿈은 이루어진다'라는 말이 있지? 량마오춘 교수는 한유한이라는 음악가를 찾으려고 백방으로 노력했대. 그래서 결국 한유한이 한국에 살고 있는 한형석이라는 것을 알아낸 거야. 량마오춘 교수는 기쁜 마음으로 한형석 선생님을 만나러 한국에 왔어."

"어머, 둘은 만났나요?"

아이들이 벅찬 목소리로 물었어요.

"아니, 안타깝게도 한형석 선생님은 1996년에 세상을 떠나셨어."

선생님의 말에 들떠 있던 아이들의 표정이 침울해졌어요.

"하지만 그 일을 계기로 한형석 선생님의 업적이 세상에 알려지게 됐어. 독립운동이라고 하면 모두가 총칼을 들고 싸우는 것만 떠올렸는데, 한형석 선생님 덕분에 예술로도 독립운동을 할 수 있다는 것을 알게 된 거지. 그리고 선생님의 음악 활동이 얼마나 많은 영향을 끼쳤는지도 알게 되었고."

선생님의 말에 강복이도 고개를 끄덕였어요. 강복이는 노래나 음악이 별 볼일 없는 것이라고 생각했거든요. 그런데 노래 한 곡이 애국심을 북돋우고, 전쟁에 지친 사람들의 마음을 달래고, 용기를 북돋워 준다니! 지금까지 음악이 이렇게 큰 힘을 가지고 있는지 잘 몰랐어요.

"하지만 량마오춘 교수가 선생님을 찾기 전에도 선생님은 훌륭한 예술가였어. 한형석 선생님은 돌아가시기 전까지 부산대학교에서 교수로 지내면서 상록수합창단과 부산일요화가회에서 활동하셨거든. 또 자유아동극장을 설립해 예술 교육에도 애쓰셨어."

'맞다, 자유아동극장!'

강복이는 선생님이 말한 자유아동극장이 떠올랐어요. 한형석 선생님이 아이들을 위해 직접 지으셨다는 아동극장을 생각할수록 가슴이 뭉클해졌어요.

"참, 이런 일도 있었어. 선생님이 활동하셨던 상록수합창단이 부산에서 열린 광복군 총회에서 〈압록강 행진곡〉을 부르게 되었대. 합창단원들이 씩씩하고 우렁차게 노래를 부르니까 선생님이 뭐라고 하셨는지 아니?"

선생님의 질문에 골똘히 생각에 빠진 아이들이 저마다 정답이라며 의견을 하나씩 내놓았어요.

"더 씩씩하게 부르라고 했을 것 같아요."

"더 큰 소리로 부르라고 했을 것 같아요."

"행진하듯 우렁차게 부르라고 했을 것 같아요."

"젖 먹던 힘까지 짜내서 부르라고 했을 것 같아요."

하지만 선생님은 아이들의 얘기에 모두 고개를 저으셨어요. 도대체 한형석 선생님은 뭐라고 했을까요? 강복이와 아이들 모두 궁금한 표정으로 선생님의 대답에 귀를 기울였어요.

"선생님은 이렇게 말씀하셨대. '실제 광복군은 이 군가를 2부 합창이 아니라 8부, 9부 합창으로 부릅니다. 굶주리고 피곤한 광복군이 어떻게 우리 합창단처럼 올바르게 부를 수 있겠습니까? 박자 음계 고저가 각자마다 다 틀리니 8부, 9부 합창이 될 수밖에 없지요. 그렇게 노래를 불러야 지칠 대로 지친 광복군의 실감 나는 노래가 되지 않겠습니까?'"

선생님의 말에 아이들 모두 놀란 표정을 지었어요. 실제 군가를 불렀을 광복군을 떠올려 보니 그럴 것 같다는 생각이 들었거든요. 나라를 빼앗기고 먼 타국에서 고된 훈련을 받았을 광복군이 불렀을 〈압록강 행진곡〉은 씩씩하고 우렁차지 않았을 것 같았어요. 오히려 입술을 꼭 깨물고 애절하게 불렀을 것 같다는 생각이 들었어요.

"이런, 벌써 종이 치네. 애들아, 선생님이 숙제 하나 낼게. 다음 시간까지 부민동에 있는 한형석 선생님 생가에 다녀오는 거야. 선생님이 구구절절하게 설명하는 것보다는 그곳에 한 번 다녀오는 게 훨씬 좋을 것 같아. 그럼 숙제 꼭 해 오기다."

강복이는 음악책에 얼른 '부민동, 한형석 선생님 생가 다녀오기'

라고 썼어요. 다녀오지 않고 다녀왔다고 얘기해도 상관없겠지만 꼭 가고 싶다는 생각이 들었거든요.
 학교 수업을 마치고 집에 온 강복이는 엄마에게 말했어요.
 "엄마, 한형석 선생님 생가에 가 보고 싶어요."
 "어머, 우리 강복이가 한형석 선생님을 어떻게 아니?"
 "어, 엄마는 한형석 선생님에 대해 알고 계셨어요?"
 강복이는 엄마가 한형석 선생님에 대해 알고 있는 것

이 놀라웠어요.

"응, 신문에 난 기사를 통해 알게 되었어. 부민동에 생가 재정비 사업 중이라고 신문에 크게 났었거든."

"오늘 음악 시간에 선생님에 대해 배웠어요. 〈압록강 행진곡〉도 배웠고요. 엄마, 한형석 선생님 생가에 가요."

"강복이 부탁인데 엄마가 들어줘야지. 오늘은 학원 수업도 없는 날이니 얼른 다녀오자꾸나."

강복이의 말에 엄마는 서둘러 외출 준비를 하셨어요.

버스를 타고 한형석 선생님을 만나러 가는 강복이의 가슴이 자꾸만 두근거렸어요.

"강복아, 한형석 선생님은 나라를 판 매국노와 함께 묻힐 수 없다고 국립묘지에는 가지 않겠다고 거부하셨대."

"정말요?"

"한형석 선생님은 평상시에도 조국 독립을 위해 비참하게 죽어 간 동지를 생각하며 검소하게 사셨대."

버스 안에서 엄마의 이야기를 들은 강복이는 한형석 선생님이 더 좋아졌어요.

"이야, 벌써 다 왔네. 여기서 내려서 위로 좀 올라가야 해."

한형석 선생님의 생가는 생각보다 가까운 곳에 있었어요. 형석이는 엄마 손을 꼭 잡고 선생님을 만나러 갔어요. 이상하게도 마음이 설레고 기대가 되었어요.

"우아, 근사하다."

새롭게 태어난 한형석 선생님 생가 벽에는 음표와 아이들의 모습이 그려져 있었어요. 엄마가 스마트폰으로 강복이에게 선생님 생가의 예전 모습을 보여 주었어요. 복원되기 전의 모습을 보니 선생님의 생가가 얼마나 근사하고 멋지게 단장되었는지 한눈에 알 수 있었어요.

강복이는 엄마와 함께 생가를 둘러보고, 한형석 선생님을 소개한 글도 꼼꼼하게 읽었어요.

"한형석 선생님은 우리나라로 돌아오신 후에는 문화 예술 활동과 청소년 교육에도 힘썼대. 전쟁 후에 모두가 힘들 때인데 아이들을 위한 극장을 세우다니. 정말 대단하지. 그치?"

한형석 선생님에 대한 소개 글을 읽던 엄마는 무척 감동한 표정이었어요.

"한형석 선생님의 호가 '먼 구름'이었나 보네. 멋지다."

강복이는 엄마 말에 고개를 끄덕였어요. 먼 구름. 멋있기도 하고 뭔가 특별해 보이기도 했어요. 위인들의 호는 대부분 한문으로 되어 있잖아요. 그런데 한형석 선생님은 먼 구름이라는 우리말로 호를 지어서 더더욱 특별해 보이는 것 같아요.

"집에 가면 먼 구름이 어떤 뜻을 가지고 있는지 더 찾아봐야겠어요."

강복이는 수첩에 '먼 구름 뜻을 찾아볼 것'이라고 적었어요. 그 모습을 지켜보던 엄마가 빙그레 웃으시며 말씀했어요.

"강복아, 우리 앞으로는 박물관도 가고, 음악회도 가고 공연도 보러 가자. 어떠니?"

"네. 좋아요!"

평상시의 강복이였으면 시큰둥한 반응을 보였을지도 몰라요. 하지만 이제 강복이는 달라졌어요. 한형석 선생님을 만나고 예술의 중요성을 알게 됐거든요.

"강복아, 이리 와봐. 저기가 자유아동극장이 있던 자리인가 봐."

엄마가 가리키는 곳에 작은 팻말이 붙어 있었어요. 강복이는 허름한 건물 앞에 섰어요. 지붕도 벽도 허름했어요. 강복이는 자유아동극장을 천천히 둘러보았어요. 이제는 세월의 때가 묻은 몹시 낡은 건물이었지만 한형석 선생님과 뜻을 함께하는 사람들이 나무 하나하나를 손수 잘라 지은 정성은 그대로 느껴졌어요.

'이곳에서 공연을 보면서 아이들은 무슨 생각을 했을까?'

강복이는 자유아동극장 이곳저곳을 살펴보았어요.
"엄마, 어디가 무대였을까요?"
"글쎄다, 어디쯤이었을까?"
엄마와 강복이는 무대가 어디쯤이었을지 가늠해 보기도 하고, 아이들이 앉아서 공연을 보았을 자리를 찾아보기도 했어요. 어디선가 아이들의 웃음소리가 들리는 것 같았어요.
"강복아, 곧 있으면 이 자유아동극장도 복원될 거래. 참 다행이지? 우리 자유아동극장이 복원되면 다시 꼭 와 보자꾸나."

듣던 중 반가운 소리였어요. 강복이는 새롭게 태어날 자유아동극장이 어떤 모습일지 궁금해졌어요. 그리고 자유아동극장이 복원되면 꼭 공연을 보러 오고 싶다는 생각이 들었어요.

"네, 엄마. 꼭 다시 올래요. 그때는 아빠도 함께 와요."

"그래. 우리 빨리 자유아동극장이 복원되기를 기도하자. 그런 의미에서 사진 한 장 찍을까?"

"좋아요. 엄마."

강복이는 엄마와 함께 자유아동극장 앞에서 기념사진을 찍었어요. 강복이는 어디선가 한형석 선생님이 미소를 지으며 지켜보고 있을 것 같다는 생각이 들었어요.

"그럼, 이제 그만 갈까?"

"네. 엄마."

강복이는 아쉬운 마음이 들어 한형석 선생님의 생가를 다시 한

번 바라보았어요. 그리고 하늘을 올려다보았어요. 맑은 하늘 위에 멀리 구름 한 점이 떠가는 것이 보였어요.

"어, 먼 구름이네."

강복이가 빙그레 웃으며 말했어요.

일본은 우리 민족을 갖은 방법으로 탄압하고
우리 땅에서 나는 많은 것들을 차지했어요.
어렵고 힘겨웠던 일본의 식민 통치 아래
한형석이 어떤 삶을 살았으며,
독립을 위해 어떤 노력을 기울였는지 알아보세요.

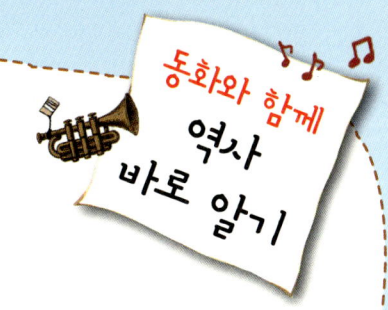

동화와 함께
역사 바로 알기

★ 독립운동이 뭐예요?

우리나라는 조선 후기로 갈수록 나라 사정이 매우 어려웠어요. 임금의 외척들 때문이었지요. 어린 고종을 대신해 나랏일을 돌보던 흥선 대원군은 외척들을 몰아내고 나라를 바로 세우려고 노력했어요. 하지만 나라 안을 다독일 틈도 없이 조선은 물밀듯이 밀려오는 서양 세력과 일본 때문에 휘청거렸어요.

일본은 혼란한 틈을 타 우리나라의 주권을 강제로 빼앗았어요. 일본은 우리나라의 주인 행세를 하면서 우리 민족을 괴롭히고 재산을 빼앗았지요. 독립운동은 빼앗긴 나라를 되찾기 위해 하는 여러 가지 행동이에요. 수많은 독립운동가들이 나라를 되찾기 위해 목숨을 걸고 싸웠어요. 우리가 잘 알고 있는 유관순 열사, 안중근 의사, 윤봉길 의사 등이 모두 독립운동가랍니다.

★ 대한민국 임시정부가 뭐예요?

1919년 3·1운동이 일어난 후 각지에 흩어져 활동하던 독립운동가들은

독립된 정부를 세우는 것이 꼭 필요하다고 느꼈어요. 하지만 당시 일본은 독립운동가를 모두 잡아 가두고는 모질게 고문했어요. 그래서 많은 독립운동가들은 좀 더 활발하게 활동하기 위해 나라 밖으로 나갔어요. 러시아 땅에 세운 대한국민의회와 중국 상하이 임시정부에 이어 국내에도 임시정부가 생겼어요. 그리고 이것을 모두 하나로 합쳐야 한다는 목소리와 함께 1919년 9월 드디어 상하이에 대한민국 임시정부가 세워졌어요.

★ 대한민국 임시정부는 무슨 일을 했나요?

대한민국 임시정부는 독립군 활동을 지원하고, 우리 민족의 독립 의지를 세계에 알리는데 앞장섰어요. 1940년 대한민국 임시정부는 광복군을 만들었어요. 광복군은 외국에서도 인정한 우리나라의 정식 군대로, 1941년 일본에 정식으로 선전 포고를 하고 연합군과 함께 일본에 맞서 싸웠어요.

★ 예술로도 독립운동을 할 수 있다고요?

그림을 그리고, 시와 소설을 쓰고, 음악을 만드는 일이 독립운동과 상관없어 보인다고요? 아니에요. 독립을 바라는 간절한 마음을 담아 그림을 그리고, 시와 소설을 쓰고, 음악을 만드는 일은 총칼을 들고 싸우는 것만큼이나 중요한 일이었답니다. 특히나 나라를 빼앗겨 슬픔에 잠겨 있는 많은 사람들에게 희망의 메시지를 전달해 주는 예술 작품들은 어려운 시기를 견딜 수 있는 큰 힘이 되어 주었답니다.

한형석은 음악으로 독립운동을 했고, 다른 사람들은 그림, 시, 소설, 연극, 영화로 독립운동을 했어요.

★ 한국 최초의 오페라가 〈아리랑〉이라고요?

지금껏 우리나라 최초의 오페라는 1948년에 공연된 〈춘희〉로 기록되어 있어요. 하지만 그보다 8년 전, 한형석은 중국 시안에서 오페라 〈아리랑〉을 창작하여 무대에 올렸어요. 오페라 〈아리랑〉은 수십 명의 관현악단이 연주하

였으며 여러 합창단이 한마음으로 함께 노래했어요. 무대 출연진만 60여 명이 넘었어요. 오페라 〈아리랑〉은 항일 운동의 일환으로 시작되었으며, 공연 수입은 광복군의 옷을 마련하는 데 쓰였어요. 오페라 〈아리랑〉은 중국 오페라에도 큰 영향을 끼쳤어요.

★ 중국 최초의 아동극장을 만든 분이라고요?

한형석은 아이들에 대한 관심이 많았어요. 중국 최초의 아동극장을 세우고, 아이들을 위한 아동 가곡도 여러 편 작곡했어요. 그중 〈소산양〉은 세계 명작 〈늑대와 일곱 마리 아기 양〉을 각색한 작품이었어요. 독립을 한 뒤에도 한형석은 아이들을 사랑하는 마음으로 부산에 자유아동극장을 세우고, 색동야학원을 운영했어요.

압록강 행진곡

박영만 작사
한유한 작곡

1. 우리는 한국 독립 군 조국을 찾는 용사로다
2. 우리는 한국 광복 군 악마의 원수처 물리자

나 가! 나 가! 압록강 건너 백두산 넘어 가자
나 가! 나 가! 압록강 건너 백두산 넘어 가자

진 주 우리나라 지옥이 되어 모두도탄에서 헤매고 있다
등 잔 밑에 우는 형제가 있다 원수한테 밟힌 꽃 포기 있다

동 포는 기 다 린 다 어서 가자 고향 에
(조 국)

한형석의 삶 (1910~1996)

1910년   2월 21일 부산시 동래구 교동에서 태어나다.

1915년   **5세**   5월 어머니, 삼촌, 형과 함께 상하이로 가 처음 아버지를 만나다.

1919년   **9세**   8월 베이징 소재 육영소학교에 입학하다.

1923년   **13세**   8월 베이징 소재 육영소학교를 졸업하다.

1926년   **16세**   8월 베이징 소재 육영중학교를 졸업하다.

1927년   **17세**   6월 할아버지의 죽음으로 한형석을 제외한 일가족 모두 고향으로 돌아가다.

1929년   **19세**   8월 노하고급중학교를 졸업하고, 상하이 신화예술대학에 입학하다.

1933년   **23세**   상하이 신화예술대학을 졸업하고, 산둥성 소재 무훈중학교에서 예술 및 영어 교사로 근무하다.

1937년   **27세**   6월 가극 〈리나〉를 창작하다.

1939년   **29세**   6월 시안 황하출판사에서 항일가곡집 《승리만세》를 출간하다.

1940년   **30세**   4월 작곡집 《신가극십곡》을 출간하다.

                         5월 중국 시안 실험극장에서 〈아리랑〉을 공연하다.

                         12월 10일 항일아동가극 〈귀신춤〉, 항일아동시극 〈다음세대〉 등을 제작하고 작곡·연출하다.

1944년 34세 3월 1일 중국군 부상병 위문모금 및 3·1운동 기념공연으로 시안청년당에서 〈아리랑〉(4차)을 공연하다.

1945년 35세 8월 15일 시안에서 단막극 〈동포는 우리를 기다린다〉를 공연하다.

1948년 38세 9월 중국 칭다오 항에서 인천으로 30년 만에 귀국하다.

12월 부산문화극장 설치책임자 및 관리자로 임명되다.

1950년 40세 6월 18일 부산문화극장을 개관하지만 일주일 만에 한국전쟁으로 미국 전용극장으로 사용되다.

1953년 43세 8월 15일 부민동에 자유아동극장 겸 색동야학원을 설립하다.

1963년 53세 한국연극협회 부산시지부 초대지부장으로 일하다.

1969년 59세 1월 20일 탈극 《순절도》(전6과장)를 출간하다.

1970년 60세 5월 제13회 눌원문화상을 수상하다.

1977년 67세 건국포장을 수상하다.

1990년 80세 건국훈장 애국장을 수상하다.

1996년 86세 6월 14일 세상을 떠나다.

★ 2011년에 《광복군가집 제1집》이 문화재에 등록됐다.

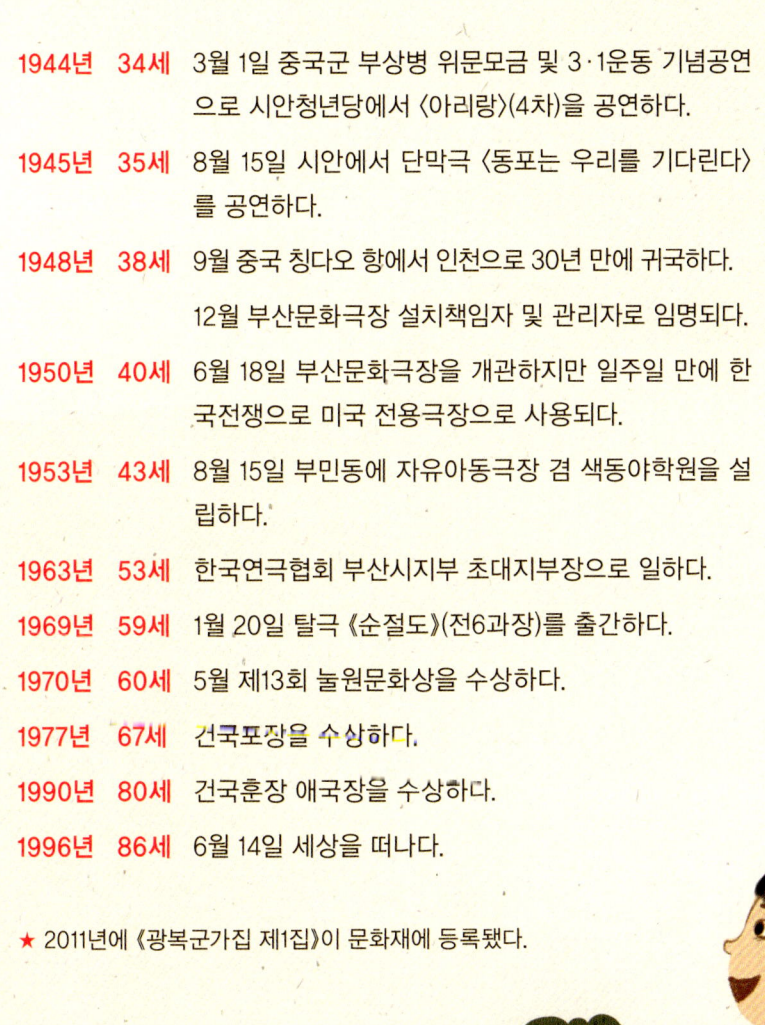

조국 독립을 노래하다
음악 혁명가
한형석

글 | 최형미
그림 | 김희영

초판 1쇄 발행 | 2015년 7월 15일

펴낸이 | 신난향
편집위원 | 박영배
펴낸곳 | (주)맥스교육(상수리)
출판등록 | 2011년 8월 17일(제321-2011-000157호)
주소 | 서울특별시 서초구 논현로 83 삼호물산빌딩 A동 4층
전화 | 02-589-5133(대표전화)   팩스 | 02-589-5088
블로그 | blog.naver.com/kyung_park   홈페이지 | www.maksmedia.co.kr

편집장 | 송지현
기획 · 편집 | 조현주 허현정
디자인 | 이경미 김세은
영업 · 마케팅 | 홍동화 장재혁 배수미
경영지원팀 | 장주열
인쇄 | (주)에스제이피앤비

ISBN 979-11-5571-331-0 73810

정가 12,000원
ⓒ 최형미, 2015

* 이 책의 내용을 일부 또는 전부를 재사용하려면 반드시 (주)맥스교육(상수리)의 동의를 얻어야 합니다.
* 이 도서의 국립중앙도서관 출판시도서목록(CIP)은 e-CIP홈페이지(http://www.nl.go.kr/ecip)와
  국가자료공동목록시스템(http://www.nl.go.kr/kolisner)에서 이용하실 수 있습니다. (CIP제어번호: 2015017768)
* 잘못된 책은 바꾸어 드립니다.